資本主義の終わりか、人間の終焉か？

未来への大分岐

マルクス・ガブリエル
Markus Gabriel
マイケル・ハート
Michael Hardt
ポール・メイソン
Paul Mason
斎藤幸平・編
Saito Kohei

a pilot of wisdom

はじめに——大分岐の時代に

斎藤幸平

人類は、今、胸元に拳銃をつきつけられているような状態だ。「撃たないでくれ」と叫び、最悪の事態を避けるために、行動する選択肢もある。それなのに、「どうぞ撃ってください」と言っている。未来ではなく、終末を選ぼうとしているのは、私たち自身なんだ——。

これは、本書の第二部に登場する哲学者マルクス・ガブリエルの言葉だ。

ここでどのような選択をするかによって、人類の未来は決定的な違いを迎える。そのような「大分岐の時代」に私たちは生きている。

大げさだと言われるかもしれない。しかし、今回、議論を重ねた知識人たちは、おおむね、このような共通認識をもっていた。

実際、現代社会は出口の見えない債務危機や極右ポピュリズム、気候変動といった多くの問題に直面し、危機は日に日に深まっている。

ところが、インターネット上にはヘイトスピーチがあふれ、フェイクニュースが事実を歪め、危機への対策を遅らせている。さらには、GAFAに象徴的なプラットフォームの独占状態は、情報プライバシーを脅かすとともに、アマゾンやウーバーは不安定な低賃金労働を生み出し、貧富の格差を深刻化させている。

要するに、テクノロジーは中立的なものではないのだ。テクノロジーは、知や権力を構造化し、利潤のために世界を再編成する手段だからである。

したがって、情報テクノロジーの急速な発展が、世界中の人々を水平的・同時的なネットワークにつなぎ、数多くのイノベーションや価値創造の源泉にもなっているとしても、新しい技術に規制をかけずに、ただ技術を加速させていくならば、待っているのは「サイバー独裁」、あるいは「デジタル封建主義」だろう。

シンギュラリティの時代がもたらすのは、普遍的人権や自由・平等が否定される「人間の終焉」かもしれないのである。

最悪の事態を避けるためには、資本主義そのものに挑まなければならない危機的段階にきているのではないか。それが本書の問題提起である。

ところで、「危機」（crisis）の語源を遡ると、ギリシャ語のκρίσις（krísis）に由来し、ヒポクラテスによって、「疾病の転換点」という使われ方をしていた。症状は、好転するかもしれないし、悪化するかもしれない。病状の見立てを正しく行い、適切な手当てをすれば、快方に向かう。だが、対処を誤れば、取り返しのつかない事態となる。危機とは、そのような重大な分岐点を指す。

危機を好機に変えるためには、多くの人々が団結できるような新しい社会の展望を提示する必要があるだろう。本書はそのための第一歩である。マイケル・ハート、マルクス・ガブリエル、ポール・メイソンという、危機に真っ向から立ち向かい、この先を見つめる知識人たちとの対話を通じて、未来をつくる方法を探っていくこととしたい。

目次

第一部 マイケル・ハート

（政治哲学者・デューク大学教授）

グローバル資本主義が変容させる政治・経済の姿を描き切った
『〈帝国〉』三部作（アントニオ・ネグリとの共著）は、
「二一世紀の『共産党宣言』」と呼ばれた衝撃作。
その大著の予見の正しさが日々、証明されるなか
新たな権力の形にいかに抵抗するかの戦略を模索し続け、
ウォール街占拠運動をはじめとする、
さまざまな社会運動の理論的支柱となっている。

Michael Hardt

第一章　資本主義の危機と処方箋

▼資本主義の危機

斎藤　時代の大きな転換期にいる今、あなたと議論できる機会に恵まれて、とても嬉しく思っています。アントニオ・ネグリと共に、世に問うた名著『〈帝国〉』[1]がまさにそうなのですが、危機の時代にあっても「Ｔｈｉｎｋ　Ｂｉｇ！」、つまり大きなスケールで思考し、行動するよう人々に呼びかけている思想家があなただからです。

日本では、バブル崩壊以降、政治や経済の状況は悪化するばかりで、社会は閉塞感に包まれています。こうした状況の根本原因は、資本主義そのものにあると私は考えています。
しかし、世界ではこの閉塞感のもとで絶望し続けることをやめ、資本主義に代わるオルタナティヴをつくろうとする胎動が確実に始まっています。この対話のなかで、そうした新しい動きの意味を掘り下げていくことで、希望の入口を見出すことができるのではないかと期待しています。

マイケル・ハート（以下MH）　ええ、さっそく始めていきましょう。日本の状況や人々の意識にも興味があるので、楽しみです。

斎藤　議論の入り口として、「資本主義の危機」という問題を概観していきたいと思います。
ローレンス・サマーズ元財務長官の議論が有名ですが、リーマン・ショックを端緒にした世界的な経済危機から一〇年以上経った今でも、各国政府による大規模な財政出動や金融緩和にもかかわらず、世界経済は長期停滞からなかなか抜け出せないでいます。
たとえばアメリカの経済成長率は、二〇〇八年以降ずっと二％台前半が続いており、リーマン・ショック以前の二％台後半という成長トレンドに戻っていません。[2]
リーマン・ショック以前の成長トレンドと五年後の国民総生産を比較した損失割合のデ

ータが図1ですが、現在でも損失割合が大きい状態に変化はありません。

MH 資本主義が行き詰まっていることは、間違いないですね。

斎藤 さらに、世界経済の長期停滞と並行する形で、先進国の中間層が没落し、経済格差が深刻化している。ウォール街オキュパイ（占拠）運動で有名になった、「九九％ vs. 一％」というスローガンが人々の心をつかんだのは、その深刻さの現れでしょう。

▼資本主義の「飼い馴らし」は可能なのか

斎藤 こうした状況を前に、トマ・ピケティやジョセフ・スティグリッツ、ロバート・ライシュといった主流派の経済学者や知識人たちも、新自由主義を批判し、大きな共感を呼んでいます。日本でも、水野和夫の「資本主義の終焉」をテーマにした本が大ヒットしました。[3]

ただ、ピケティら欧米の経済学者たちは、特定の政策を実行しさえすれば「健全な」資本主義が再び軌道に乗るはずだと信じています。つまり、グローバル企業や富裕層への課税率を上げる。暴走しがちな金融市場に対して厳しい規制を課す。緊縮財政もやめにして大規模公共投資を行い、労働者階級への再分配を増やして、新たな有効需要を創出すれば、

図1　リーマン・ショック以前の成長トレンドと比較した場合の国民総生産の損失割合（2008年～2013年）

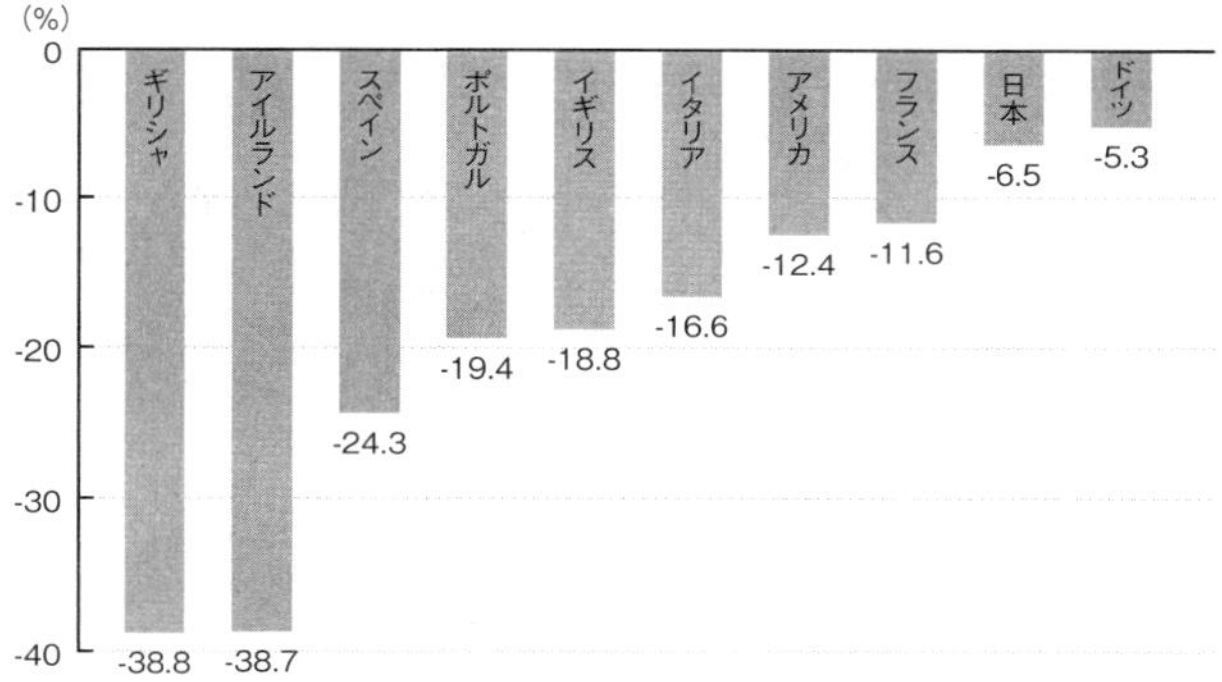

Michael Roberts, *The Long Depression*, Chicago: Haymarket Books, 2016, p.115.をもとに作成

万事うまくいくというわけです。

むき出しの市場原理主義を批判し、資本主義の「飼い馴らし」を主張するピケティやスティグリッツたちは、当然のことながら、リベラルな人々のあいだで「受け」が良く、日本でも大きな影響力をもっています。

しかし、あなたに伺いたいのです。こうした政策は、世界経済の危機に対する根本解決になりうるでしょうか。古き良き時代の社会民主主義的な価値観を復活させることで、危機を乗り越えることはできるでしょうか。

ＭＨ　端的に言えば、答えはノーです。あなたも、おそらく同じように考えていて、この質問をしていますよね。

斎藤　ええ。

MH　この問題を考えるために、先を急がず、一九七〇年代に登場した新自由主義について少し整理しておく必要があるでしょう。

新自由主義が引き起こしている危機と取り組む際に私は、まずもって、新自由主義とは緊縮政策のことであると考えるようにしています。

では、緊縮政策とは何か。それは、財政の緊縮を訴えながら、民営化の推進、社会保障制度の解体、労働組合の弱体化などを目指す政策の総称です。つまり、富裕層と貧困層の格差を徹底的に拡大する政策だと言ってもいい。一九七〇年代後半に登場し、その後、世界中を席捲した新自由主義ですが、今やその矛盾が露わとなり、批判が多くあつまって、人々の合意は得にくくなっています。

斎藤　では、そもそもなぜそのような新自由主義政策が、世界中で採用されたのでしょうか。

MH　まず、理解しておくべきなのは、資本主義が、とりわけ先進国において、一九七〇年代にすでに資本蓄積の危機に直面していたという点です。そうした資本主義の危機をどう乗り越えるべきなのか、という問題に直面して、編み出された戦略が、新自由主義だったわけです。

図2　新自由主義による利潤率の回復とその後の低迷（アメリカ）

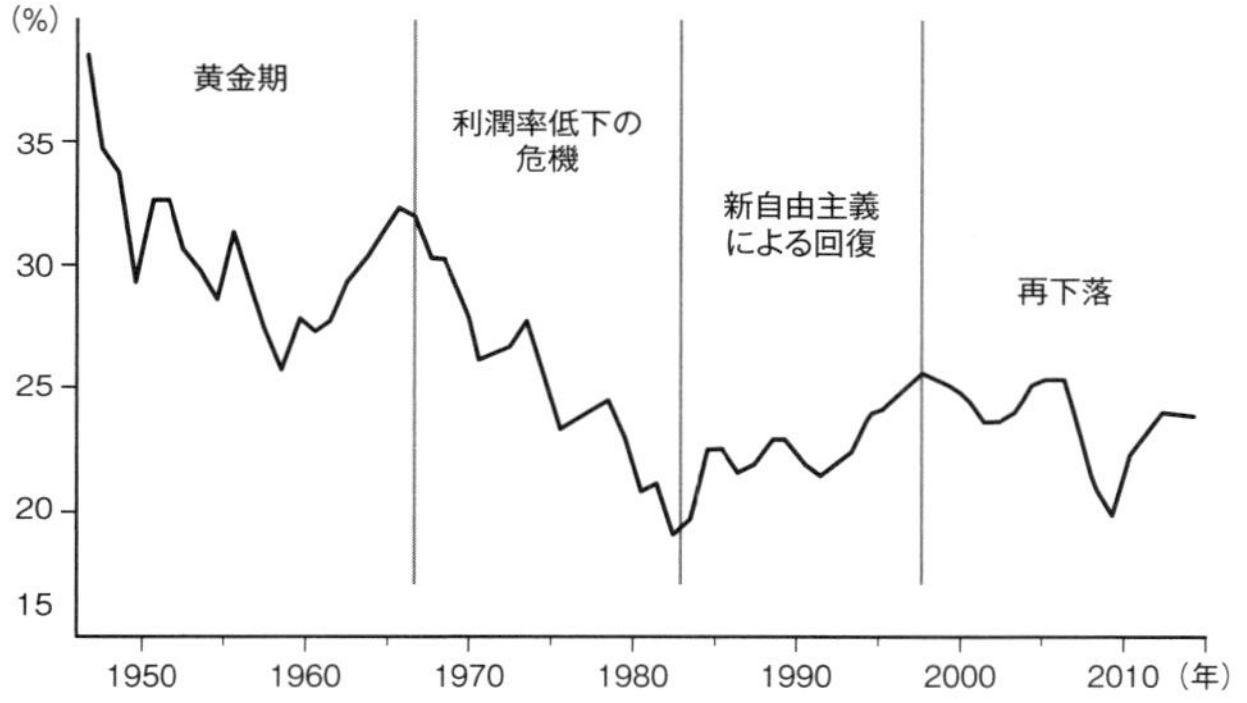

Michael Roberts, *The Long Depression*, Chicago: Haymarket Books, 2016, p.22.をもとに作成

その意味では、二〇〇八年の経済危機を境にはじめて、資本主義が危機に陥ったのではありません。英米で新自由主義が登場するよりもさらに前からずっと、資本主義が危機にある、という認識が重要です。

斎藤　一九七〇年代といえば、日本はまだ高度成長期の余韻のなかにいましたが、英米をはじめ、他の先進国は、オイル・ショックをきっかけとしたスタグフレーションに陥り、やがてサッチャーやレーガンが新自由主義に舵を切っていきます。

重要なのは、この時点で、すでに資本は利潤率低下の危機に苦しんでおり（図2）、労働者との妥協関係に終止符を打つようになったという点ですね。

MH　そうです。

ドイツの社会学者ヴォルフガング・シュトレークの表現を借りれば、新自由主義とは、資本蓄積の危機を先延ばしにする、つまり「時間をかせぐ」ために資本の側がとった方策だったわけです。[4]しかし、危機の先延ばしは、危機をいっそう複雑かつ深刻なものにしただけでした。一％の富裕層とその他の人々との格差をますます拡大していくことにつながったのです（図3）。

斎藤　しかし、新自由主義をやめて、福祉国家に戻れば、すべてうまくいくかというと、そうではない。新自由主義が始まった段階で、混乱の種である資本主義はすでに危機を迎えていたのですから、福祉国家に戻っても、問題の根本解決にはなりませんね。

▼社会民主主義で解決するのか

MH　新自由主義を批判する識者の多くがそれに取って代わるべき案として自明視しているのは、ケインズ主義的・社会民主主義的な政策を再び採用し、新自由主義以前の福祉国家に回帰する道です。

しかし、資本の危機への体制側の対応であったという意味では、第二次世界大戦後の福

図3　イギリスとアメリカの富裕層（上位1％）の所得が国民総所得に占める割合

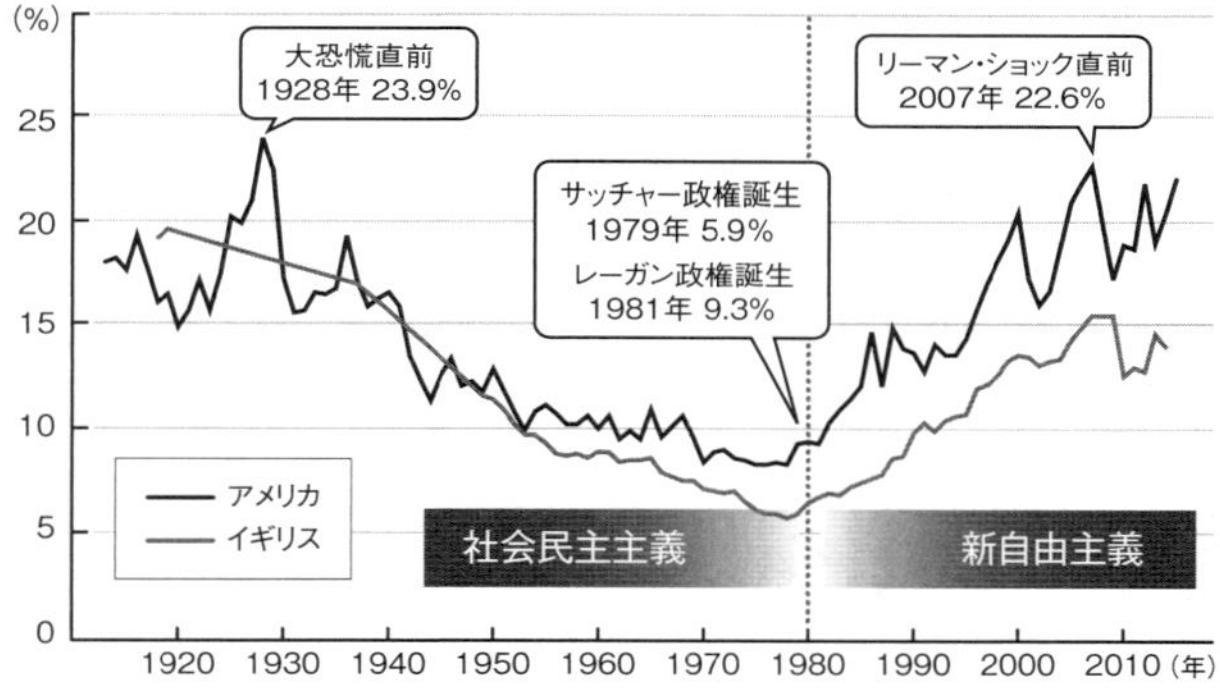

（注）賃金のほか、事業収入、利子・配当を含む
World Inequality Databaseのデータをもとに作成

祉国家という制度も、一九七〇年代末以降の新自由主義の採用と同じロジックに依拠しているものなのです。

というのも、第二次世界大戦後の欧州と北米において福祉国家とは、過激化する労働運動という資本にとっての危機を食い止め、なだめるための手段であり、労働者中心の社会が組織されていくことを防ぐための方策でした。だからこそ、資本と妥協することにいつも前向きな巨大労組も、福祉国家に欠かせない要素として存在していたのです。

斎藤　資本にとっても、労働者が新たな購買者として登場することは、資本蓄積のチャンスでしたからね。

ところが、一九七〇年代になると、資本は

これまでの労働者との妥協的な関係をとりやめ、利潤率を上げるための新しい方策をなりふりかまわず実行に移すことを迫られるようになっていく。資本はグローバル化をすすめることによって、海外の廉価な労働力をいつでも簡単に調達できるようにしていきます。

その結果、新自由主義政策への同意を労働者から獲得する必要も弱まり、国内では非正規労働者が増加したため、労働運動も急速に弱体化しました。今や福祉国家を実現した時のような労働運動の力はありません。そのことは労働分配率の低下にも現れています（図4）。

MH　そうです。

とはいえ、国家による統制や福祉の提供といった古いシステムへの回帰が、実現不可能なのは、そうした理由からだけではありません。国家による生産現場の組織化も、社会的生活の編成も、もはや無理だということを、認識しなくてはならないのです。

なぜなら、ケインズ主義であれ、社会主義であれ、国家による統制という旧来の試みは、新自由主義の支持者だけでなく、大衆からも抵抗を受けるからです。つまり、社会生活における自律性や自律的な組織を求める声が非常に強くなっていて、二〇世紀前半のように国家によって統制されるような状態に戻ることは、もう人々には受け入れられなくなって

図4　各国の労働分配率の低下

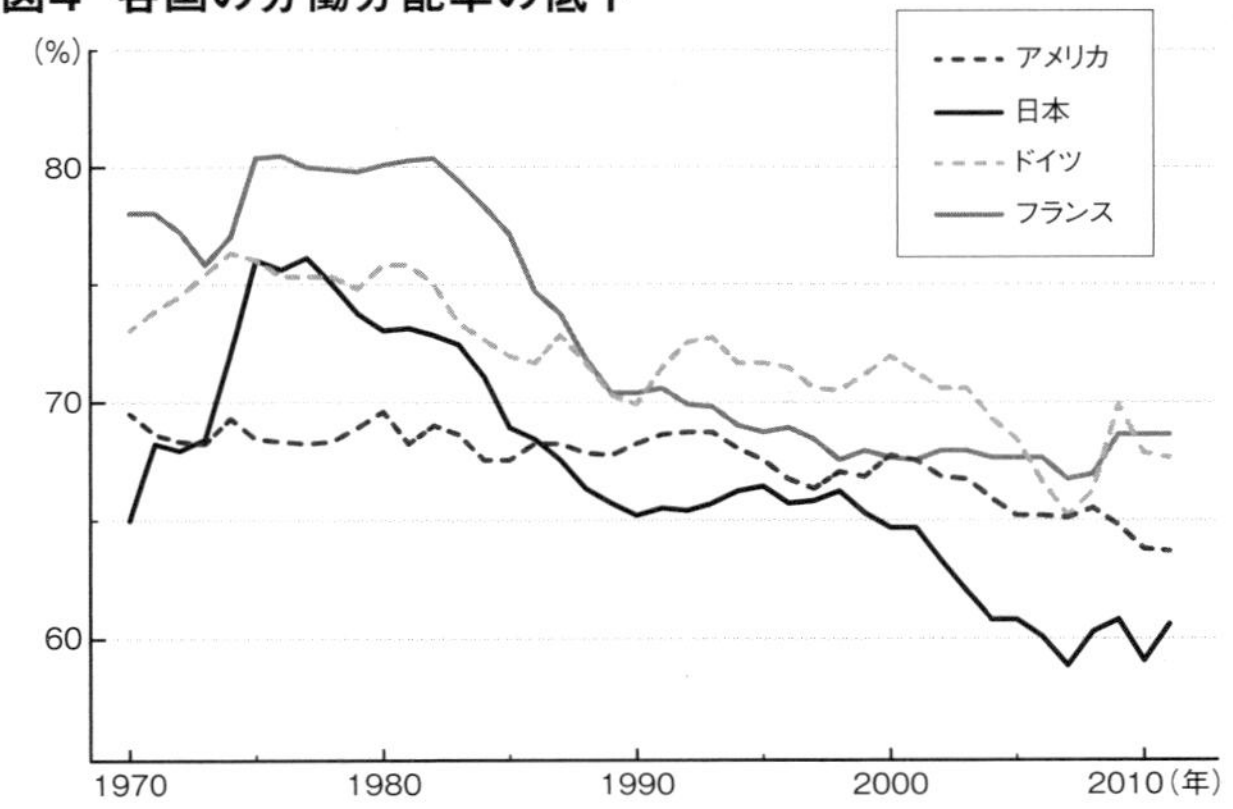

OECD.Stat をもとに作成

いるのです。

もちろん、ケインズ主義的国家や社会主義国家が、人々の生活のために重要なメカニズムや社会的サービスをもたらさなかったと言いたいのではありません。

国家による統制に対して、社会として抵抗し、国家から自律することを求める社会的な声が広がってきていると言いたいのです。

斎藤　二〇世紀における国家の介入は、それまで私的な領域とみなされていたものにまで及ぶようになり、国民の生活に対する規律訓練が強化され、管理が進んでいきました。たとえば、学校教育、保健や医療、家族計画といったところにまで行政の介入が進んでいったわけです。

そのことに対する批判はいろいろあって、たとえば上からの管理を目指す官僚制の肥大化について、その非効率さが指摘されるようになりました。また、福祉国家のもとで人々が画一化され、規律訓練や管理の対象にされていくことについての批判も、一九六八年以降、噴出した。

そうしたなかで、いわゆる資本主義の「正統化の危機」が生じてきたわけですよね。ドイツの社会学者ユルゲン・ハーバーマスが、一九七〇年はじめに指摘したことですが[5]。このような資本主義の「正統化の危機」への対応として、新自由主義は、市場における自由と平等を国家介入からの「解放」として掲げ、新しい合意をつくり上げていきました。国家の家父長的な介入をいやがり、「自由」を求めた人々の欲求をうまく利用したのです。

ところが、その端緒から半世紀経って格差拡大が深刻化するにつれ、新自由主義の市場原理主義的な考えも、合意を獲得できなくなっている。

しかし、今の状況下で、社会民主主義の古い考えを引き合いに出しても、リベラルに勝ち目はない。民主主義的で、平等な、社会的共同性の構築を、国家でも市場でもないところで、もう一度、ラディカルに構想する必要がある。

MH　そのとおりです。社会民主主義を「資本を改良する進歩的なプログラム」、つまり、資本主義的な社会秩序を、人間的で好ましいもの、進歩的なものへと改良するプログラムとして理解するなら、もはや、そのような改良主義的な選択によって、資本の危機を乗り越えられるような経済状況ではなくなっているのです。

斎藤　社会民主主義に期待できない以上、現状への打開策はリベラルではなく、ラディカルな左派から出てくる他ない。だから、二一世紀にコミュニズムの重要性を説くあなたに敢えてお話を伺いたかったのです。

ここで踏まえておきたいのが、今、世界的に話題を呼んでいる文化人類学者デヴィッド・グレーバーによる左派の定義です。グレーバーは「想像力」や「創造力」を左派の定義として挙げています[6]。

あなたの「Think Big!」とも通じる話ですが、創造力と想像力を駆使して、私たちは、どうやってこの資本主義の矛盾を乗り越えるかを真剣に考え、実践する必要がある。「資本主義が最善だ、他に道はないのだ」と信じている人たちに別の選択肢を提示するのが、私たち理論家の仕事です。

MH　ええ。今、自由ということを話してきましたが、冷戦中、資本主義陣営は、自由が重要なので、平等の問題は二の次でよいと考え、社会主義陣営は、平等のほうが重要なのだから、自由については後で取り組むべきだと主張していました。

しかし、冷戦終結からかなり時間が経過して、冷戦の病魔に取り憑かれていないあなたのような新しい世代が登場してきています。この世代こそ、自由、平等、そして連帯という言葉を一続きに考え、新たな息を吹き込むことができるのかもしれません。

▼資本主義がつぶす人々の自由と能力

斎藤　自由、平等、連帯を一続きに考えることを、私も大事にしたいと思います。そして自由、平等、連帯を一続きに実現することができないからこそ、資本主義に終止符を打ち、新しい社会――ここではポストキャピタリズムとひとまず呼んでおきましょう――を構想することが必要なのでしょう。
そのために参照したいのが、カール・マルクスです。資本主義の黎明期に、資本主義の矛盾の多くを指摘したマルクスから、現代の社会も多くのことをくみ取ることができると考えるのが、あなたと私の共通の立場です。ポストキャピタリズムの可能性を考える際には、マルクスの残した思想について考える必要があるように思います。
MH　いいでしょう。周知のとおり、マルクスは、資本主義的生産様式とは生産力を上昇させていかなければならないと書いています。資本主義的生産様式は利潤の獲得をめぐる市場での競争を通じて、生産力を不可避に上昇させていくのだと。

斎藤　自動車や冷蔵庫、今なら iPhone を、とにかくたくさんつくり出そうとするわけですよね。

MH　そう、でも、モノをたくさん作ればいいというわけではないのです。

本来、特定の経済システムが果たすべき責任とは、生産力を増やして人々にまともな生活を提供することにとどまらず、人々の才能や能力を十分に活用することなのです。

つまり、社会を成り立たせる生産様式や生産力について問うべきなのは、こういうことなんです。「資本は、人々の能力や才能を十全に活用できているのか？」、「人々の才能や能力は、現在の経済システムのもとで無駄遣いされているのではないか？」。

こうした問いこそが、新自由主義の危機と根本的に関係しているのです。

斎藤　自由に自分の能力を発揮できる社会を目指すというのが、新自由主義が人々から支持された理由ですが、現実はそうなっていない。

MH　自分や自分の周りの人々がどうなのか、考えてみれば、この問題の本質がよくわかると思います。「今まで受けてきた教育や自分の才能を、この社会状況のもとで、最大限に活用できているのか？」と自問してみれば、世界中のほとんどの人がきっぱりと「ノー」と答えるでしょうね。

斎藤　グレーバーは、こうした能力の無駄遣いとなる仕事を「ブルシット・ジョブ」（クソくだらない仕事）と名付け、同タイトルの著作（未邦訳）が世界的なベストセラーになっています。[7] 自分の仕事がほとんど社会の役に立っていない、無駄な業務のために、毎日、かなりの時間を浪費しているという疎外を多くの人が感じている。

その背景にあるのは次のような矛盾です。二〇世紀のあいだに生産力が飛躍的に上昇したにもかかわらず、皮肉なことに実際の労働時間は減るどころか、長くなり、山のように積みあがっていく、意味のない業務に翻弄されるというパラドックスです。

その一方で、新自由主義は、社会に直接的に貢献する仕事の多くを非正規化し、安定した生活ができる仕事を不安定で、低賃金の労働で置き換えてきました。工場の労働者やバスの運転手などがその影響を被っています。

では、その資本が節約したお金はどこへ行ったか。新自由主義が増やしたのは投資銀行家や広告業やコンサルタントのような高給取りの仕事なのです。しかし、高給なので重要そうに見えているけれど、実際にはなくなったってかまわない非生産的な仕事です。むしろ、なくなったほうが、社会にとってはプラスかもしれない。

ＭＨ　そういう状況下で、人々が要求し始めているのは、自分たちの才能や能力を発揮するための手段を、より民主的かつ自律的な方法で管理することです。それは国家による介入や保護ではない。

ところが、自分たちの手でそうした生産手段を管理するということは、資本主義の根本原理とは相容《あいい》れないのです。

斎藤　そこに資本主義を超える社会をまったく新しい形でつくり出そうとする人々の欲求があるということですね。

ＭＨ　二〇一一年以降、国境を越えて広がっていった一連の抵抗運動がありましたよね。不安定な雇用しか見つけられない高学歴の若者たちを中心にして、エジプト、チュニジア、欧州、アメリカ、トルコなどで「広場占拠運動」は活発になっていきました。若者たちは、自分の人生が、自分の手で管理できず、無駄遣いさせられているということに抗議していたのです。

第二章　政治主義の罠

▼政治の機能不全と右派ポピュリストの台頭

斎藤　前章では九九％の人々の自由は、新自由主義ではかなえられないことが露呈し、別の形で自律を求める社会運動が世界的に広がっているという話が出てきました。

しかしながら、その一方で、より権威主義的なリーダーを求めるという、ここまでの話とは相反する動きも顕著です。つまり自律するよりもコントロールされたほうが楽だという声も強くなってきていて、右派ポピュリズムの台頭を許し、「民主主義の危機」を引き起こしています。世界中のあちこちで、自由で平等な参加という民主主義の根本原理を破壊しようとする運動が生じているのです。こうした動向は、日本でも強く感じます。

早速ですが、権威主義的なリーダーや国家による統制の強化を人々が求めるようになってきている理由をハートさんはどのように考えていますか。

MH　現代の民主主義の危機が、具体的に何を意味するのかを、まず把握しておくことが重要でしょう。あなたはおそらく、民主主義の危機を「選挙で政治選択ができるという信念が、有権者たちから消失している」という意味で考えていますよね。

自分たちの利益をどの政党も代表しているとは思えない。二大政党の選択の機会は四年ごとに訪れるけれど、どちらの政党も同じようにひどい。このような意味でも、もちろん民主主義は危機的です。

斎藤　ええ。

MH　ただ、もうひとつ別の危機があります。民主主義の「機能不全」という危機です。この危機は長い伝統をもつ既存政党が非効率的な選択肢としてみなされ、右派ポピュリストたちが台頭しているということと関係しています。

斎藤　どういうことでしょうか。

MH　この数十年のあいだにアメリカで起きたことは、立法府の機能麻痺と大統領府の権力の肥大化です。

アメリカの連邦議会は、法案を通過させたり、行政サービスを新設したりするという程度のことでさえもできなくなっていて、二大政党制の唯一の機能は、相手の党を邪魔し封じ込め合うことだと、時には見えてしまうほどです。立法府だけでなく、外交部門を含む巨大な官僚システムも、驚くほど実行力を失っている。

そして、権力を強めたのは、大統領と大統領の取り巻きたちです。

斎藤　日本の場合は、官邸の暴走ですね。「決められない政治」に対する改革として、二〇〇〇年以降に推し進められた「政治主導」体制は、今では様々な弊害を生むようになっています。

MH　トランプ型の政治リーダーたちは、自らに許されている執行権限を派手に使い、時には独裁的な手法で「実行力があるのは、私だけだ」とアピールする。議会や官僚組織が機能不全に陥っているからこそ、「俺はやるべきことを決断して、やっているぜ」という彼らのアピールが、将来の不安を抱える人々の心に響いてしまうのです。

斎藤　トランプで言えば、「偉大なアメリカを復活させる」、「アメリカ・ファースト」という例の呼びかけですね。こうして漁夫の利を得るように、機能不全の民主主義のなかで、ポリュリストたちが支持を拡大している。

▼なぜ階級の違う政治家に親近感を抱くのか

斎藤　ただ不思議なのは、大富豪であるトランプや世襲政治家である安倍のような政治家が、人々の抱える将来についての不安や恐怖を理解できるはずもなく、したがって、彼らが人々の利害を代表してくれるはずもないのに、それでも有権者の心をつかんでいることです。

MH　経済的利害という点で言えば、トランプが普通の人々の代表になれるはずがない。トランプは冗談みたいに金持ちで、贅沢な環境で育ち、ありとあらゆる不動産を手にしている。アメリカの一般大衆が、自分たちからかけ離れた存在のトランプを、我々の仲間から選ばれた代表だと、経済的な次元で感じる理由はありません。

しかし、別の方法で一般大衆に自分を仲間だと思わせるのに、彼は成功しました。それがトランプのあの感情表現です。トランプ流のストレートで感情的な物言いは、大衆にとっては、「我々の仲間だ」と思わせる効果があり、人々とある種のつながりをつくるのに成功しているのです。

　ここで少し遠回りになるかもしれませんが、マルクスの著作『ルイ・ボナパルトのブリュメール一八日』について考えてみましょう。マルクスがこの本のなかで試みたことのひとつは、フランス二月革命の後のプロレタリアート（労働者階級）たちの尋常ならざる敗北を解釈することでした。ご存知のとおり、一八四八年の段階では、プロレタリアートたちの運動の勝利は確実視され、共和制政府の樹立で二月革命は成功を収めたかのように見えました。しかし、わずか四年後には、大統領ルイ・ナポレオンが皇帝に即位し、権威主義的リーダーを前に労働者たちは敗北を迎えたのです。マルクスはなぜそんなことが起きたのかをこの本で問います。

　この本の読み方には、二種類の方法があります。ひとつめは、政治集団の背後にあるものを見よ、ということです。ブルジョア（資本家階級）の政党であった秩序党において、片方の派閥は大地主たちの利益を代表し、もう一方の派閥は金融業と製造業の利益を代弁していた。それぞれの派閥の背後にあるものを見れば、政治の本当の姿がすぐにわかるじゃないか。政治の世界で何が起こっているのか、その状況を正しく読み解くには、社会的・経済的な利害関係を見よ、と。これがマルクスから学べるひとつめのことです。

斎藤　一般的な解釈はそうですね。とはいえ、政治的なものを経済に還元していると批判される所以《ゆえん》でもあります。

ＭＨ　ええ。ですので、別の解釈を見てみましょう。それは、現代のトランプ現象にも深く関係する話です。

マルクスは問いかけます。偉大なるナポレオン一世の甥であるとはいえ、間抜けで、女たらしで、博打打ちの彼が、なぜ、選挙で勝ち、大統領に選ばれてしまったのか？

彼の答えは、こうです。当時のフランスのあらゆる階級の人々が、それこそ小作農も、ルンペン・プロレタリアートも、ある意味では、ブルジョワジーも、みんながルイ・ナポレオンに対して親近感を抱いていたのだと。

ここでルイとトランプに共通するのは、偉大な過去に対する人々のノスタルジーです。偉大な皇帝ナポレオン一世時代のフランスに戻りたいという感情が、ボナパルトの支持者にはあった。[8]それは、「偉大なアメリカを復活させる」というトランプの決まり文句に心を動かされるアメリカ人たちの過去へのノスタルジーと同根です。

「彼（つまり、ルイやトランプ）は、私たちとは違う種類の人間だ」とわかっていても、過去への郷愁を通じて、一種の親近感を覚えてしまう。こんなふうに考えると、トランプ現象とルイ・ナポレオンのクーデターに、つながりが見えてきます。

斎藤　これはそのまま日本にも当てはまるかもしれません。アジアのナンバー・ワンであった高度経済成長期への郷愁が日本人のあいだに根強くあります。世襲政治家である安倍──「偉大な」政治家岸信介の孫で、間抜けな感じがトランプ以上にルイ・ナポレオンそっくりです──が、私たちとは立場の違う存在であるにもかかわらず、「偉大な過去」への郷愁を共有し、その復活を目指しているというところから、安倍への共感が生まれてしまう。

議会民主主義の機能不全と過去へのノスタルジーに依拠した政治主導体制が、国難レベルの危機と合致した場合に、愛国主義的で、強権的な独裁体制に変貌してしまう危険性をもっと深刻なものとして、私たちは認識しなくてはなりません。

できるだけ早く民主主義を立て直す必要があります。

▼ウォール街占拠運動とサンダース現象の連続性

斎藤　民主主義の立て直しという意味では、トランプに対抗する存在として登場した、バーニー・サンダースに注目があつまりました。あなたは彼をどう評価していますか。あるいは、イギリスのジェレミー・コービン労働党党首についてはどのように考えていますか。サンダースやコービンの存在を、左派にとっての大きな希望だと期待している人たちは大勢います。ふたりを左派ポピュリストに過ぎないと片付ける人も多いわけですが。

MH　サンダースとコービンにはちょっとした違いがあります。それぞれふたりが何を象徴し、どんな人たちを代表しているかという点に注目するべきでしょう。

先にサンダースについて説明すると、サンダース現象について重要なのはウォール街オキュパイ（占拠）運動との連続性です。二〇一六年の大統領予備選の時の、あのサンダース旋風は、サンダース本人がカリスマ的な政治家だから起きたブームではありません。ブームは、オキュパイ運動を支えた人々の渇望が、まだ残っていることの「現れ」であり、人々がみずからの要求を表現する際の「手段」が、サンダースだったということなのです。

オキュパイ運動の蓄積の上に築かれたものでなかったら、サンダースの選挙運動は、あれほどの大旋風を巻き起こすことはなかったでしょう。ウォール街の運動で有名になった「九九％ vs.一％」というスローガンが、サンダースの演説に繰り返し登場したのをご存知ですよね。大学の授業料無償化や債務・学費ローン問題への取り組みなど、サンダース陣営の具体的な政策や提案も、オキュパイ運動が要求していたものでした。

だから、ある意味で、サンダースという政治家の存在や彼の選挙活動は、それに先行した社会運動の声を表現するための手段だったと言えるのです。

▼水平的な社会運動の「敗北」

斎藤　ウォール街オキュパイ運動の成否ということも、あなたに聞きたいと思っていたことでした。先ほども名前を出したグレーバーは、自らがオキュパイ運動にかかわった経験を『デモクラシー・プロジェクト』という本にまとめていますが、水平的でフラットな意思決定の方法に、徹底的にこだわる運動のスタイルや工夫がよく描かれています。[9]

リーダーは存在せず、参加者が集まって、アセンブリー（集会）を開き、みんなが参加して、水平的に自分たちの意思決定を行う。誰も排除せずに、あらゆる人々が民主的に参加できるようなスタイルをどうやって構築できるかを彼らは模索していたわけです。これまでの社会運動のような、一部の執行部が全体の戦略を決定し、指令を出すスタイルではありません。

さらに、広場という空間に、参加者たちが長期にわたって共同生活することで生まれる相互扶助の社会的紐帯は、貨幣を必要としない食料、タバコ、本などのやり取りを組織化し、そのことが資本主義からの「脱出」（exodus）の第一歩になったとあなたも高く評価していますね。[10]

実際、水平的な意思決定を行う、リーダーなき運動が近年、世界的に注目されています。しかし残念ながら、こういった新しい形の運動の数々は、失敗に終わる運命にあるようにも思えます。実際、継続性のある安定した制度をもつシステムを構築することができず、こうした運動は短命で終わってしまったわけですから。

一方、継続性のある制度の構築を目指せば、どうしてもヒエラルキーと支配が伴ってしまう。水平的でフラットな意思決定や組織づくりを目指していても、恒常性を目指せばそこにジレンマが生じてしまいます。

イギリスで頭角を現してきている政治哲学者ニック・スルニチェクも、昨今の社会運動における水平主義に対するこだわりを「素朴政治」（フォーク・ポリティックス）と呼んで、批判しています。[11] あなたも、ネグリとの共著『アセンブリ』（未邦訳）のなかでは、運動の水平性にこだわりすぎることについて、批判的に議論を展開していますね。[12]

MH ええ、ただ一言だけ付け加えるとしたら、オキュパイ運動は「失敗」ではなく、「敗北」でした。

この「敗北」を振り返って問うべきは、なぜ「リーダーなき運動」が持続的な社会変革を達成できないままでいるのか、という問題です。そういう意味で、あなたの指摘は正鵠《せいこく》を射たものです。

つまり、ネグリと私が言いたいのは、こういうことです。中央集権的なリーダーシップを批判することと、組織や制度を拒否することを彼らは混同しているんじゃないか、と。指導的な地位にこだわる政党やリーダーを拒絶し、組織の中央集権的な構造を回避することと、あらゆる組織化を頭ごなしに否定することは異なるはずです。昨今の社会運動のなかで発展してきた、純粋な水平性は、多くの運動の結果を振り返ってみる限り、それだけでは何かが足りない。フラットであることは重要ですが、それだけでは不十分なのです。

今までとは違ったやり方が大事になっていくでしょう。時が経っても継続できる運動をつくり上げ、発展させていくための新しい方法が、模索されるべきなのです。

一方で、過去にあった集権型のリーダーシップのスタイルに戻ろうという意見もあります。しかし、リーダーにカリスマがあろうがなかろうが、あるいは政党が上から指示する前衛党的なリーダーシップであろうがなかろうが、集権型のリーダーシップには、もはやまったく現実味を感じません。

肝に銘じるべきは、社会という場の異質性です。社会という場は、たったひとつのアイデンティティで定義できるものではない。たとえば、ひとくちに労働者といっても、均一・同質な労働者階級が存在するわけではありません。それゆえ、差違を軽視してしまう集権型のリーダーシップは、社会運動にはなじまないのです。

実際、そのような異質性にもかかわらず、私たちは共闘して、実行力のある政治的な力を生み出すことができます。数多性《マルチプリシティ》があっても、共に行動することができるのです。

斎藤　今のお話はオキュパイ運動への批判のようには聞こえません。

MH　ネグリも私も、評論家的な態度で「もっとうまくやれたはずじゃないか」という批判を運動の外側から展開するつもりは毛頭ありません。ここまで話してきたことは、実際に活動に参加した人たちから出てきた批判です。オキュパイ運動では、運動が収束した後、内部からたくさんの批判や検証がなされたのです。

それと、アメリカで起こったことが全世界で起こっていることを代表しているかのように扱うことも、良くないですよね。二〇一一年以降の一連の抵抗運動は、アメリカ以外の場所から始まっていて、アメリカの運動は、むしろ遅れてやってきたわけです。

ムバラク政権を打倒したエジプトの活動家たちは、社会変革のプロジェクトをその後、持続できなかった自分たちの実践について批判的に検証しています。チュニジアも、それからスペインも同じです。

運動の参加者たちが反省しているのは、その場の活動の進め方だけではなく、長期的展望をもてなかったという点です。実際、長期間にわたって、広場や公園などの占拠を続けられると彼らは思っていなかったでしょう。そんな公共の場所でのキャンプを、あなたならどれくらい長く続けたい？

斎藤　そんなに長くはしたくないです（笑）。

MH　だからこそ、その敗北の後で活動家たちは、運動を変化・昇華させる方法を模索しました。時には政治家たちの選挙運動に実験的にかかわり、時には選挙とは関係のない社会運動を通して、あるいは労働運動との共闘を試みながら、新しい方法を探したのです。

そうした模索の結果が、ギリシャのシリザ（急進左派連合）やスペインの新政党・ポデモスで、社会運動と政党をどう結びつけるかという問いを深める実験場となっているわけです。[13]ラテンアメリカでも二〇〇〇年から二〇一〇年のあいだに、さまざまな政党が新たに政権につき、社会運動と政党を結ぶ試みが進んでいます。

図5　アメリカにおける資本主義／社会主義についての見解

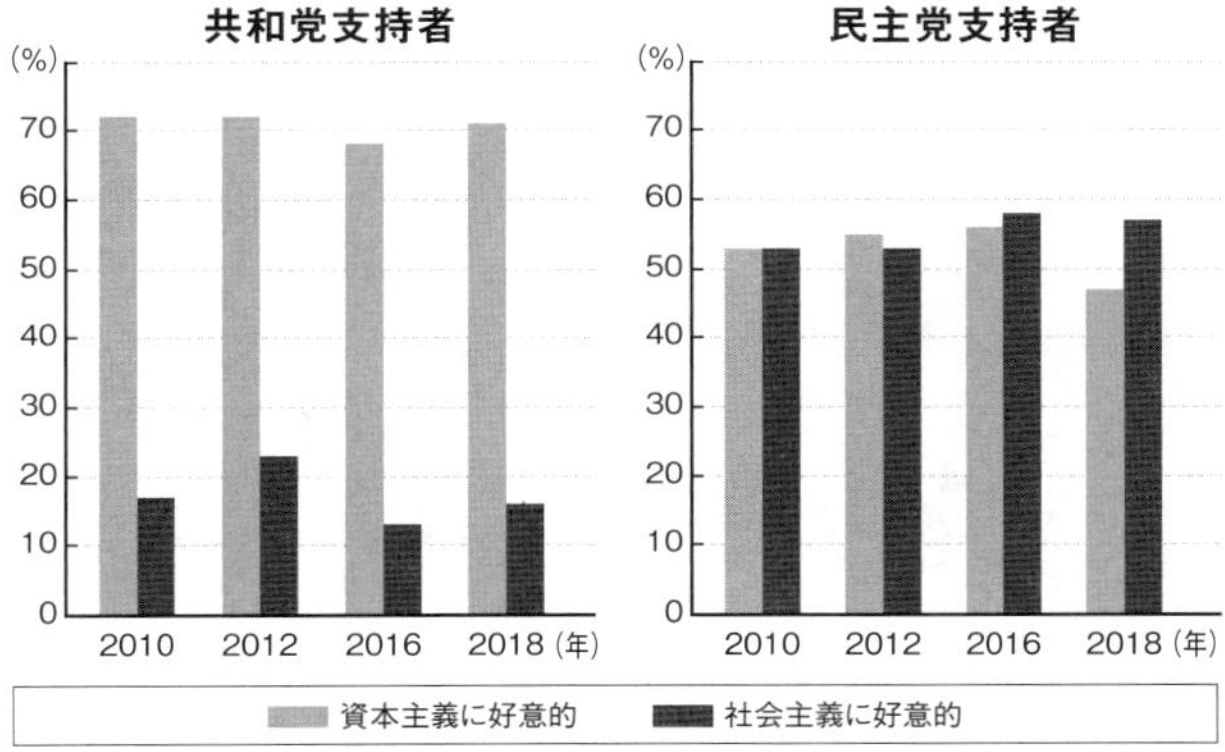

Gallup U.S. Poll のデータをもとに作成

▼社会運動から学んでいったサンダース

斎藤　サンダース現象もその流れの結果なのですね。オキュパイ運動などが背景にあって、彼が担ぎ上げられている。つまり、ここでは、完全に水平的でもなく、また、伝統的な中央集権的な政党運動でもない人々の共闘が、サンダース現象として結実した。

ＭＨ　これはいかにもアメリカらしい話ですが、自分は社会主義者であるとサンダースが宣言をし、それが大きな衝撃と波紋を呼んだという出来事がありましたよね。

斎藤　アメリカでは、社会主義は、ほぼタブーに近いですもんね。ところが、若者のあいだで意識が大きく変わってきています。ギャラップ社の世論調査によれば（図5・前頁参照）、民主党支持者は資本主義よりも社会主義を好むようになっていると言われ、その割合はとくに若者たちのあいだで非常に高い。

MH　もちろん、サンダースという社会主義者がアメリカの国政レベルで重要な役割を担うという事態は驚きだったわけですが、それは二〇一五年の選挙戦より前に、市民のあいだで実現していたことが表面に現れた結果なのです。つまり、サンダースが社会主義者を名乗った影響で、社会主義の支持者が増えたのではありません。

政治に関心のある人々、とくに若い世代は、資本主義を厳しく批判し、社会主義について考えるようになっていた。そのことに、それまで多くの人たちが気づいていなかっただけなのです。

ここで、サンダース現象をどう評価するかというあなたの質問にもどれば、私が注目しているのは、サンダースという政治家個人よりも、彼を支えた政治・社会運動のほうです。サンダースの支持者たちは、もちろん彼よりもうんと若いですし、人種や階層などバックグラウンドも多様です。そうした多様性に富んだ支持者たちを通して、サンダースは自分の知らない、社会の問題などを吸収していった。私にとっては、これが実に印象的なことでした。

斎藤　具体的には、どんなことを、どんなふうに吸収していったのでしょうか。

MH　これは少し特殊な例かもしれませんが、たとえば、シアトル遊説の際に、ブラック・ライヴズ・マター運動の若い活動家が、突然、壇上に上がり、サンダースの演説を中断させるという事件がありました。

斎藤　ブラック・ライヴズ・マター運動とは、黒人の少年が白人警官によって射殺された二〇一三年の事件から始まった抗議運動ですね。

MH　ええ。サンダースのその日の集会はたまたま年金についてのもので、白人高齢者の聴衆が多く、黒人の若者たちが突然、登壇したときには会場は騒然とし、サンダースの選挙対策チームは大慌て。

でも、すぐにサンダースはこの事件から学ぼうとしたのです。黒人の活動家たちと共闘した経験があまりなかったため、人種差別問題に精通した人たちを陣営に招き入れ、黒人有権者たちの直面する問題に取り組むべく、公約や演説を更新していきました。

▼重要なのは政治家よりも社会運動

MH　これはほんの一例ですが、サンダースは周囲の活動家たちから学ぶことで、選挙運動を発展させていきました。だから、サンダースという政治家個人の資質よりも若い人たちの社会運動が重要だったと、私は考えています。

斎藤　サンダース自身がカリスマ的リーダーで、魅力的な政策アイディアを次々に提示したわけではない。重要なのは、サンダースの発する声の背後に、どういった運動が存在しているのか、ということですね。つまり、ウォール街オキュパイ運動や、ブラック・ライヴズ・マター、ブロケディア（パイプライン建設に反対する環境運動・七五頁参照）、オキュパイ・スチューデント・ローン（学生ローンのボイコット運動）といったさまざまな運動体の主張がそこに流れ込んでいる。

ところで、サンダースとその支援者たちの関係について聞いていると、まさにあなたが提唱している、「新しい指導者」の役割に近いように思えます。

一般的には、リーダーが「戦略」（重要な問題群についての長期的な計画）を立て、リーダーに従う人々が「戦術」（個別の分野についての短期的な計画や実現方法）を練るというのが組織のあり方です。

しかし、あなたの提唱する非権威主義的なリーダー像においてはその役割分担が逆転しています。人々の民主的な運動のなかで決まった「戦略」を実現していくために、「戦術」を練るのが指導者だ、と。[14]

サンダースの選挙運動では、この新しいリーダーシップが実現していたと言えますか。

MH　ええ、ある程度実現していたと肯定的に受け止めています。

私の提唱するリーダー像が、これからも継承されていくかどうかは、サンダース個人の資質とは、あまり関係がありません。サンダースが政権を取れなくても、こうしたリーダーを継続して輩出できるかどうかは、社会運動の力量のほうにかかっているのです。自分たちの声を届ける役割をサンダースという政治家に、一時的に託しているだけなのですから、重要なのは社会運動のほうなのです。

▼コービンを支えたのは誰か

斎藤　それと比べて労働党党主のコービンはどう違うのですか。

MH　コービンが違うと言ったのは、労働党が、社会運動とのつながりという点において、政党として確たる歴史をもつ存在だからです。とくに、労働党のなかにモメンタムという、とてもクリエイティヴな組織があって、私自身もこのモメンタムにかなり触発されてきました。

このモメンタムが、労働党のなかでもコービンを支持している核の存在なのですが、この組織について驚くことのひとつは、参加者たちの年齢のギャップです。活動の中心となっているのは、三五歳以下の若者と七〇歳以上の高齢者で、裏を返せば中間の年齢層はあまりいないのです。

若い支持者たちは、サンダース支持者にとても似ています。違うのは、社会主義的な政策を訴えてきた長い歴史をもつ労働党の組織に彼らが調和しながら、うまくやっているという点です。

一方、七〇歳以上の支持者たちは、ラディカルだった時代の労働党のやり方を守っている人たちです。トニー・ブレアが「第三の道」を提唱するより、うんと前から労働党に参加していた人たち、いや、それよりさらに昔、一九六〇年代に労働党が社会民主主義へと方針転換するよりも前から党員だったりする。だから、労働党がまだラディカルだった時代をよく覚えている。

労働党の過去とつながった年配の支持者と、新しい時代を担う若い支持者とが同じ組織に所属していることが、政党という制度化された組織のなかで、連続性と持続可能な形を生み出したのです。

▼選挙が民主主義のすべてじゃない！

斎藤　ここまでの話をまとめると、この数年の欧米で力を発揮している政治的リーダーたちの背後には、新しい社会運動が存在していて、リーダーと運動の相互的な学び合いが社会を変える力になってきているわけですね。ポデモスやシリザのような新しいタイプの政党も、社会運動がなければ、成立しえなかった。

それに対して日本では「決められない政治」に苛立ちを覚えた人々が政治主導の改革を望みました。そのなかにはリベラルも多く含まれていますが、彼らはこんなふうに考える罠に陥りがちです。「サンダースのような頼りになるリーダーさえ登場すれば、選挙で勝利を収め、政治の力で世界を変革できる」、「まともな政策を実行しさえすれば、新自由主義を終わらせ、より良い新しい社会を創出できる」と。しかし、それではうまくいかない。

MH　そのとおりだと思いますよ。サンダースやコービンのイメージの神格化は避けておくのが賢明ですね。実際、彼らふたりは、私の知る限り、もっともカリスマ性のないリーダーたちなのです。

サンダースやコービンのものの考え方よりも、もっと重要なのは、彼らを周りで支えている存在です。社会運動だけでなく、さまざまな制度化された組織の構造も含めてね。
新しい政治、オルタナティヴな政治の生みの親として政治家個々人に注目するのは間違いで、話は逆です。こうした新しい運動が生み出したものが、サンダースのような政治家たちなのです。運動が、新しいタイプの政治家の生みの親なのです。

▼政治主義の罠——なぜ日本で社会変革が起きないのか

斎藤　サンダース現象やコービン現象に関して、日本のメディアや海外在住ジャーナリストによる報道では、話の因果関係がしばしば逆になっています。突然、新しいカリスマ的リーダーが現れ、反緊縮政策を提唱する有能なブレーンたちと大衆の望みをすくい上げて、熱狂的な人気を誇るようになったという形になっているのです。

　こういうイメージが流布すると、当然、左派の戦略にも影響が出てくることになります。日本のリベラルたちのあいだでは、いかにして自民党を打倒すべきかという議論が続いていますが、「新しいリーダー」や「新しい政策」が必要だ、というのが常套句です。そして、リフレ政策による「反緊縮」と「経済成長による再分配」が世界の左派の常識だと、彼らは吹聴するのです。

ここで明らかなのは、この手の主張をしている人々は、選挙政治に固執しているということです。優れた政策を提唱する専門家と政治家が手を取り合えば、選挙に勝つことができ、社会はきっと良くなるという考えが非常に強い。社会運動との結びつきは、イメージが悪化するという理由でむしろ忌避されます。この傾向を私はとても危惧しています。

ＭＨ　なぜそのような状況になっているのですか。

斎藤　民主主義の理解が選挙政治という限定的な意味にとどまってしまっているのは、ひとつには、社会運動による社会変革という経験が日本にあまりないからだと考えています。たとえば、労働運動に関して言えば、欧州には労働時間の制限や労働条件の改善をそれぞれの産業部門レベルで勝ち取り、それを法定化していくことで、福祉国家を生み出していった過去があります。ところが、そのような闘争の歴史が日本にはありません。日本には福祉国家が成立しなかったのです。

このことは、日本の労働組合の仕組みと深くかかわっています。日本には、欧米にあるような産業別組合がなく、企業別組合があるだけです。結果として、企業ごとに分断された労働者たちは、年功賃金と終身雇用によって、自分たちの生活を守ることを目指すため、自分の働く企業に依存的にならざるをえません。

その結果、日本の労働者は所属する企業の業績を上げて、賃金を上昇させることで生活改善をするという企業のロジックに根付いた社会統合が戦後に形成されていきました。国家も、自民党の五五年体制のもとで、大資本のための支援を積極的に行い、直接の現物給付ではなく、経済成長を通じた間接的な国民の生活向上を実現しようとしたのです。[15]

そのため、生活の安定や向上は、闘争ではなく、何よりも国家と企業の協力のうえに成り立つ経済成長にかかっているという考え方が根強いのです。国家や資本の側の視点を人々が過剰に内面化する傾向があるのもそのせいです。

MH　新しい運動は出てきていないのですか。

斎藤　私の意見は西洋礼賛が行き過ぎているかもしれませんが、あなたが言及したような実践例と比較すると、日本の場合、そういった運動はほとんど起こっていないと考えています。

その理由のひとつは先ほど言ったように、下からの運動によって資本に対抗して規制をかけるという経験が希薄だということです。

そのせいで、資本主義と民主主義の両方が危機に直面した時に、若い世代は、政治でしか世界を変えられないという発想にしがみつくことになる。議会で多数派となって新しい政策を掲げて、制度を変えるんだという発想以外、出てこないのです。

日本社会は、今、必死になって新しい政治リーダーを探し求めています。日本版のサンダースやコービンを探し、素晴らしい政策を考えつく識者を見つけ、選挙に勝って新しい法律と制度を施行し、「上からの」制度改革を成し遂げる。それができるはずだと信じているのです。

要するに、闘いの主戦場が選挙政治と政策立案になってしまっているのですよね。私はこうした発想を「政治主義」・「制度主義」と呼んでいます。

▼日本版オキュパイ運動と「次なる湯浅」探し

MH　あなたの今のお話には、何の異論もありません。ただ、日本の社会運動のなかには、とても興味深いものもあるので、もっと詳しく話を聞きたいのですが、一九六〇年代から続く空港建設反対闘争（三里塚闘争）のような歴史的な運動もありますよね。それ以外にも、長く続いているものとして、軍縮運動や平和運動、反核運動、それからもちろんフクシマの後の反原発運動がありますよね。私が間違っていなければ、こうした運動はかなりの広がりをもっていたのではないかと……。

斎藤　ええ、そうです。ただ、そういった運動は資本の力を十分に抑制することはできませんでした。反原爆運動は全国に広がりましたが、他方で、資本が要請する核開発について言えば、原子力の「平和利用」を共産党も受け入れたことで、地域の反原発運動は孤立化してしまいました。

平和運動も、憲法九条という高尚な理念があることで左派は満足し、戦争責任問題を曖昧化したまま、戦後日本は経済成長に特化してきたのです。

もちろん、すべての日本の運動について否定的に評価しているわけではありません。二〇一五年には、ＳＥＡＬＤｓ（自由と民主主義のための学生緊急行動）という、多くの人を巻き込む力をもった抗議運動がありました。従来の運動には惹きつけられなかった若者たちがたくさん結集したのです。ＳＥＡＬＤｓは、震災後の反原発運動の影響を受けていますし、その市民運動は山本太郎という元俳優を国会議員にすることにも成功しました。

ただ、反原発運動も、ＳＥＡＬＤｓも、目指していた変革を勝ち取れなかったというのも事実です。原発は依然として稼働していますし、阻止しようとしていた安保法制改悪も自民党によって押し切られてしまいました。

むしろ、ここで振り返っておきたいのは、もっと成功した運動が二〇〇八年のリーマン・ショックの直後にあったということです。経済危機のなかで、派遣労働者たちはクビにされ、次の仕事を見つけることができずにいました。その人たちは年越しを迎える前に会社の寮を追い出されてしまったため、食料にも住居にも、そして次の仕事にも困っている状況でした。そこでいくつかの団体がこの状況に反応してあつまって、厚労省のすぐ隣にある公園で「年越し派遣村」を開いたのです。ホームレスの支援に長く携わっていた湯浅誠がこの運動の代表を務めていました。

この運動は予想以上の支援を得て、貧困問題を可視化させることに成功しました。そして、当時与党だった自民党は翌年の選挙で政権を失い、民主党への政権交代が実現します。湯浅は、新政権・鳩山内閣の政策アドバイザーとして招聘されることになったのです。自民党の五五年体制が崩れて、新たな社会変革が実現するのではないかという希望に多くの人が胸を躍らせました。これは、日本で労働者の声が社会を動かした稀有なケースです。

私個人の見方で言えば、年越し派遣村という社会運動から始まったとも言える政権交代劇は、先ほどのサンダースの話と非常に似ています。いわば、日本版オキュパイ運動です。組合から見捨てられた非正規労働者たちが個別の企業という縛りを超えて、当事者として立ち上がり、政治を変えたわけですから。[16]

しかしながら、残念なことに社会運動と政治のつながりに関して言えば、湯浅はやがて運動とのつながりを断ち切ることになり、最終的には、活動家たちが「原理原則」を掲げるだけのユートピア主義に陥っていると新聞のインタビューで批判するという、そんな結末を迎えたのです。[17]

MH 残念ながら、それは運動においてよくあることですね。

斎藤 ええ、むしろ問題はここからです。年越し派遣村は、近年、政治と結びついた社会運動の唯一の成功例であるために、モデルケースになってしまいました。政治のほうは、二〇一二年に自民党が与党に復帰し、第二次安倍政権は年々、横暴な政治権力になってきています。それに対して、うまく対抗できない社会運動の現状に、リベラル派の人々は不満を募らせながら、新たなリーダー、「次なる湯浅」の登場を待っているのです。

しかし、次なる湯浅探しをしている人々が見落としているのは、湯浅も、社会運動の積み重ねの「現れ」でしかない、ということです。実際、年越し派遣村の本当の主役は、解雇され、公園を占拠した労働者たちでした。

本来なら、カリスマ的なリーダー探しをするのではなく、現実の社会問題に地道に取り組む社会運動をいかに政治的な勢力に変容させるかを模索すべきだし、そうして生まれた政治的な勢力が、運動とのつながりを断ち切らないようにするにはどうしたらよいか、を考えるべきでしょう。

しかし、リベラル派はそのように思考をめぐらすことはせず、安倍に対抗できるくらい強力な政治権力をもつことによって――ただし今度は「立憲主義」の理念のもとで――社会変革をするのが、効率的な対抗戦略であると信じて疑わないのです。そして、主戦場はいつも選挙政治と政策提言になっていて、「投票に行こう」がリベラル派のお題目になってしまっています。

あなたの話を私なりに解釈すると、社会運動の次元を無視した政治主義ではだめだということを強調なさっているわけですが、以上のような理由で、その批判は日本にもおおいに当てはまると思うのです。

▼社会と経済の次元の民主主義

MH　なるほど。おっしゃるとおり、政治的な問題に取り組むにあたって、社会や経済という基盤から切り離して政治の領域を考えるのは、妨げにしかならないですね。

これは、マルクス的な考え方として有名ですよね。政治的な分析をする際に、マルクスが重要視していたのは、政治そのものではない。社会的な問題や関係性という文脈を念頭に、政治的な問題を読み解く必要があるのです。

このことは英雄的な革命家の地位を無効化します。スラヴォイ・ジジェクは革命家とは「変革を生み出す力のある、指導者だ」と主張しますが[18]、ジジェクのように、その価値を過大視すべきではありません。もちろんレーニンがロシア革命にとっての重要人物ではないと言いたいわけではないですが、レーニンについても社会的・経済的な文脈と切り離さずに理解すべきだということです。

そして、もうひとつの根強い思い込みが何かと言えば、あなたが指摘したとおり、選挙政治です。選挙政治を過度に重要視する傾向には注意が必要で、政治は社会的生産との関連で理解しなければならない。

たぶん、あなたも、この話をそういうふうに展開しようとしていたんじゃないかと思うのですが、何に取り組み、どこで力を振り絞るべきなのかを考える時に、社会的生産が重要なのです。既存の政治の世界だけを大事にして、そこに没頭するのではなく、まずもって社会的な意味での民主主義を求める運動を私たちは目指すべきなのです。

斎藤　今の話は、日本人には理解しづらいかもしれません。日本では民主主義と選挙がイコールだからです。しかし、ＥＵ離脱を問うたブレグジットなどを見ても明らかなように、国民投票をやったところで、それは直接民主主義の実現からは程遠いわけです。

あなたは、近著『アセンブリ』のなかで、社会的生産の領域が民主主義にとって重要であり、政治的なものは社会的なものから切り離すことはできないという議論を展開しています。[19]政治を民主化するだけでは不十分で、社会全体を民主化することが重要なのだという主張です。これはズバリどういう意味でしょう？

ＭＨ　民主主義の意味が選挙制度に限定されてしまうと、民主主義の中身が非常に痩せ細ってしまうわけです。しかし、ネグリと私は、民主主義をもっと幅のある仕組みだと考えています。

自分たちにかかわることについて、みんなで集団的に決定する仕組みを民主主義だと捉えると、集団的な自己統治のシステムが見えてくるわけです。自己統治こそが民主主義であるとすれば、民主主義が必要とするのは、狭い意味での政治制度ではなく、社会の変革だということになる。

みんなで戦略的に政治的な意思決定をしていくためには、まだ見えざる潜在的な能力を含めた人々の能力が大事になってきます。そうすると、答えを出さなくてはならない問題は、次のようなものになるはずです。

どのようにすれば、人々の能力や潜在的な能力を見つけ出し、最大限、伸ばすことができるのか？　大きな政治課題について、みんなで一緒に決定を行うというプロセスは、どうやったら実現できるのか？

この答えを探るためには、政治的な領域を超えて、社会的・経済的な生産と再生産の領域を見ていく必要があります。この社会的・経済的な領域においてはじめて、さまざまに異なる人々が協働（cooperation）するために必要な能力を正確に把握し、さらに、政治的な決定を共に行うための能力を評価できるようになるのです。

言い換えれば、社会と経済という領域に根付かない限り、今、私たちが論じてきたような、組織化やリーダーシップをめぐる政治的な問いは空回りしてしまう傾向にある、ということです。

斎藤　そこで〈コモン〉という概念が、組織化を社会と経済という領域に根付かせるものとして、おふたりの議論に登場してくるわけですね。

次章では、いよいよその〈コモン〉について、話を進めていきましょう。

第三章　〈コモン〉から始まる、新たな民主主義

▼〈コモン〉とは何か

斎藤　第二章では「政治主義の罠」から抜け出すためには、社会や経済という基盤から考えることが重要だという点を確認しました。そこで、〈コモン〉という概念が、鍵となってくるはずなのですが、まず、〈コモン〉とは何か、説明してもらってもいいですか。

MH　〈コモン〉とは、民主的に共有されて管理される社会的な富のことです。

〈コモン〉を具体的にイメージするには、ベルリンの電力システムを〈コモン〉にするか

どうかを争点にした二〇一三年の住民投票が良い例となるでしょう。公共事業体だった電力システムの運営権は一九八九年以降、私企業である電力会社にゆだねられ、ベルリンの電力システムは民営化されていきました。

この投票は再公営化を目指したものですが、その際、電力システムを国家がコントロールする国有財産でも、私有財産でもない、〈コモン〉にすることが争点となりました。それが意味するのはどういうことか。もちろん、電力システムをどのように運営するのか、どんな設備が必要になるのか、というような技術的な細かい話をベルリンの住民全員が理解できるわけではありません。

しかし、重要な事柄については――脱原発と電気料金の問題が最重要事項だったわけですが――専門家から情報を得て、ある程度詳しくなれるわけです。

〈コモン〉に賛成する人々の主張の本質は、市民が電力について正しい決定を行うことができるんだというものです。今、決定を行っている政治家たちも天才ではありません。政治家たちも、私たちと同じように、専門家からの情報に基づいて、意思決定を行っているのです。だったら、私たち市民に同じことができないわけがないでしょう?

斎藤　投票結果は、賛成票の数がわずかに足りず、再公有化ができずに終わってしまい残念でした。当時、私もベルリンで大学院生として暮らしていたので覚えています。電力という〈コモン〉を企業の儲けの対象にするのではなく、持続可能でフェアな電力供給を市民の手で実現させようと、さまざまな小規模の市民団体が草の根的運動を展開していましたから。

MH　〈コモン〉というものに、実践的にどうアプローチすればいいのか、ベルリンの電力システムのケースは示してくれています。

それだけでなく、多様なバックグラウンドをもつ住民や集団にどうかかわればいいのか、そして「〈コモン〉としての財」についてみんなで決定を行う際の枠組みをどう設計するのか、といった課題に取り組んだ実践例でもあるわけです。

▼〈コモン〉を民主的に管理するという経験

斎藤　あなたとネグリの『アセンブリ』は素晴らしい本ですが、この議論に関連する部分は抜群です。〈コモン〉を民主的に管理するという経験こそが、本当の意味での民主的な政治がどのようなものなのか、具体的な輪郭を与えてくれる——。この話にとても感銘を受けました。

民主的な方法で〈コモン〉を管理するという経験が、民主的な政治と制度のための基礎になるわけですが、〈コモン〉(common)の自主管理を基盤とした民主的な社会というのは、実のところ〈コミュニズム〉(communism)に他ならないわけです。

MH　まさしくそうです。新しい時代のコミュニズムを考えるならば、まず〈コモン〉から出発しなければなりません。コミュニズムを、国家による社会統制、国家による経済統制、民衆を上から指導する前衛党などで構成される、古い共産主義的体制として考えるのではなく。かつてのソ連のような体制は、現代におけるコミュニズムの新たな可能性を見誤らせるだけです。私たちは〈コモン〉から出発するべきなのです。

〈コモン〉は、私的所有とは対極にある存在です。私的所有も社会的な富の一形態でありながら、私的所有のアクセスは特定の個人に限定されていて、それをどう扱うかという決定権は所有者に独占されています。

すごくシンプルな言葉で私的所有の本質とは何かと考えると、「誰がその財産を使っていいのか」、「その財産の将来をどうするのか」を個人で決定することができるという点にあると思います。

この二点について、〈コモン〉はまったく逆です。私的所有とは対照的に〈コモン〉へのアクセスは広く開放されています。たとえば牧草地であったり、飲料水用の水源であったり、さらには電力供給システムであったり。

もちろん、社会的な富へのアクセスは開放されているのと同時に、その富を管理するための民主的なシステムが必要です。社会的な富も、もちろん、何らかの方法で管理される必要がありますから。

たとえば、川の水を誰でも好き勝手に使っていいよ、と言うわけにはいきません。電力についても、お好きにどうぞ、好きなだけどうぞ、とは言えません。放任するのではなく、社会的な富の管理を民主的なやり方で決定する、その方法を編み出していかなくてはならないのです。

▼〈コモン〉と社会運動

斎藤　〈コモン〉という考え方は、すでに現実の社会運動に影響を及ぼしていますよね。

MH　それぞれの運動が〈コモン〉という用語を使っているかどうかとは関係なく、実は私のほうが、水などの〈コモン〉に焦点を当てた社会運動から、多くを学んでいます。

たとえば、二〇〇〇年のボリビアでの水道民営化への反対運動や、それに続くイタリアでの水の運動にも、私は非常に注目していました。水道の運営権が国家から民間企業に売却されたのです。とくにボリビアではベクテルという会社が、普通の人の手に届かないような価格にまで、水道料金を値上げすることを決定したのです。

住民たちはそれに抗い、「認められるわけないだろう。水は私たちみんなのものなのだから、私たちは水を共同で（= in common）管理しなければならないのだ」と主張しました。

もちろん、みんなでバケツをもって水源に押しかけるということではないですよ。水道代としていくら支払うのか、どのように水を流通させるのか、川からどれだけの量の水をくみ上げるのか。こういったことを私的企業の勝手な判断にゆだねず、みんなで決めようということです。たとえばダムを建設するかどうかを決める時には、関連する事項をぜんぶ民主的に決めようというわけです。

これは期待できる、有望なやり方のように私には思えます。ここからスタートして、〈コモン〉のためにどんな要求があるのかを把握し、世界や社会的な富に私たちがどうかかわっていくかについても協力して決めていくというプロセスを一般化していくことができるなら、それは、コミュニズムのあるべき姿となるでしょう。みんなで水平的に、世界について取り組んでいくという道ですから。

▼〈コモン〉としての地球

MH　だからこそ、斎藤さん、あなたに〈コモン〉という問題について意見を聞きたいと思います。『マルクスのエコロジカル社会主義』（邦訳『大洪水の前に――マルクスと惑星の物質代謝』）であなたが書いている、エコロジーの問題とも重なる話ですから。[20]

斎藤　どういった問題でしょうか。

MH　社会運動を〈コモン〉という観点から考えたとして、次に問題になるのは、運動をエコロジカルなパラダイムへと導いていくためにはどうすればいいのか、ですよね。

私は長いあいだ地球を〈コモン〉として把握する方法に関心をもっていました。土地を私的所有ではなく〈コモン〉として考えてみる、という話をさらに進めて、地球というエコシステム全体を〈コモン〉として考えたいのです。

つまり、地球の未来を決めることができるのは、私的所有でもなければ、私的所有者でもないということです。

また、それは国家であるはずもありません。決めるのは、私たち全員です。だからこそ、地球環境について決定する、民主的で新しい仕組みが必要です。

あなたの研究からこういった問題についてどんなことが言えるのか、ぜひ知りたいのです。

たとえば、過去一〇年ほどのうちに、気候変動がもたらす危険についての認識が世界中で広がっていきましたが、政府や企業による対策は、効果のないものばかりでした。人類と地球にとって最重要の課題である、気候変動の問題に取り組むためには、新たな別のやり方を見つけなければならないということが、明らかになっているのです。「そのうち企業も気候変動の問題に取り組むだろう」、「政府だったら何とかしてくれるはずだ」という甘い期待を抱くのではなく、別のパラダイムを提案しなくてはなりません。

それが、私たち全員で共有する社会的な富（〈コモン〉）を惑星規模でケアする、民主的な手段を見つけるということなのです。

問題の大きさに眩暈がしそうですが、国家による解決策も、企業による資本主義的な処方箋も役に立たないということは紛れもない事実です。私たち人類は、こうした環境問題に取り組むために、今までとは違った方法を必要としているのです。

この話は、斎藤さんが本のなかで、マルクスと地球について論じたことと、関連していますよね。

▼地球からの掠奪《りゃくだつ》

斎藤　ご存知のとおり、マルクス自身もあなたと同じように、地球を〈コモン〉として扱うことを強調しています。そのうえで、マルクスは次のような問題を指摘しています。

資本は地球を〈コモン〉として取り扱うことができない。それどころか資本は、人間と自然とのあいだの関係に「修復できない亀裂」をつくり出す。[21] なぜなら、資本は短期的な利潤という観点からしか自然を扱うことができないからだ、と。

それゆえ、資本は、人類を自然から根本的に疎外する原因をつくり出します。未来の世代のことなどおかまいなしに、資本はむしり取れるものは何でもむしり取っていくのです。

これこそが、資本主義体制のもとで、現在も起きていることです。つまり、「採取（搾取）主義」（extractivism）ですね。環境に修復不可能な負荷をかけて、石油、シェールガス、レアメタルなどを掠奪している。モノカルチャー農業による土壌侵食だって同じです。

資本は自然を掠奪するだけで利潤を得られる。自然から掠奪するだけで利潤を得てもかまわない、そうする自由が与えられているという前提で、資本は生産を続けます。

資本主義での経済成長を追い求めることが、資源の掠奪の上に成り立っており、それは将来世代の犠牲や途上国の抑圧に依拠している事実を認識することが、より公正で、持続可能な地球とのかかわり方を構想するうえで不可欠なのです。だからこそ、環境思想と資本主義批判を接合する必要があります。

ところがマルクスは生産力を第一に考えていると長年、誤解・誤読されてきたため、自然に対して配慮のない生産力至上主義者だと批判されてきました。そうした見解を正すために、これまで完全に無視されてきたマルクスが研究のためにつくったノートを読むことから私のリサーチは始まりました。

とくに晩期のマルクスの自然科学ノートを読むとわかるのは、彼が懸念し、関心をもって取り組んでいたのは、利潤の最大化を第一目的とする資本主義においては、持続可能な地球の管理は不可能だ、ということの証明だったのです。

現在、環境にやさしい「グリーン資本主義」も提唱されていますが、世界規模の気候変動に直面するなかで、グローバル・エリートたちによる解決策がまったく機能していないのを見れば、「グリーン資本主義」が選択肢になりえないのは明らかです。端的に、その実現に時間がかかりすぎます。

たとえば、産業革命の当時を基準に、気温上昇を一・五度以内に抑えようとするなら、

図6　対応策別　地球温暖化の進行予測

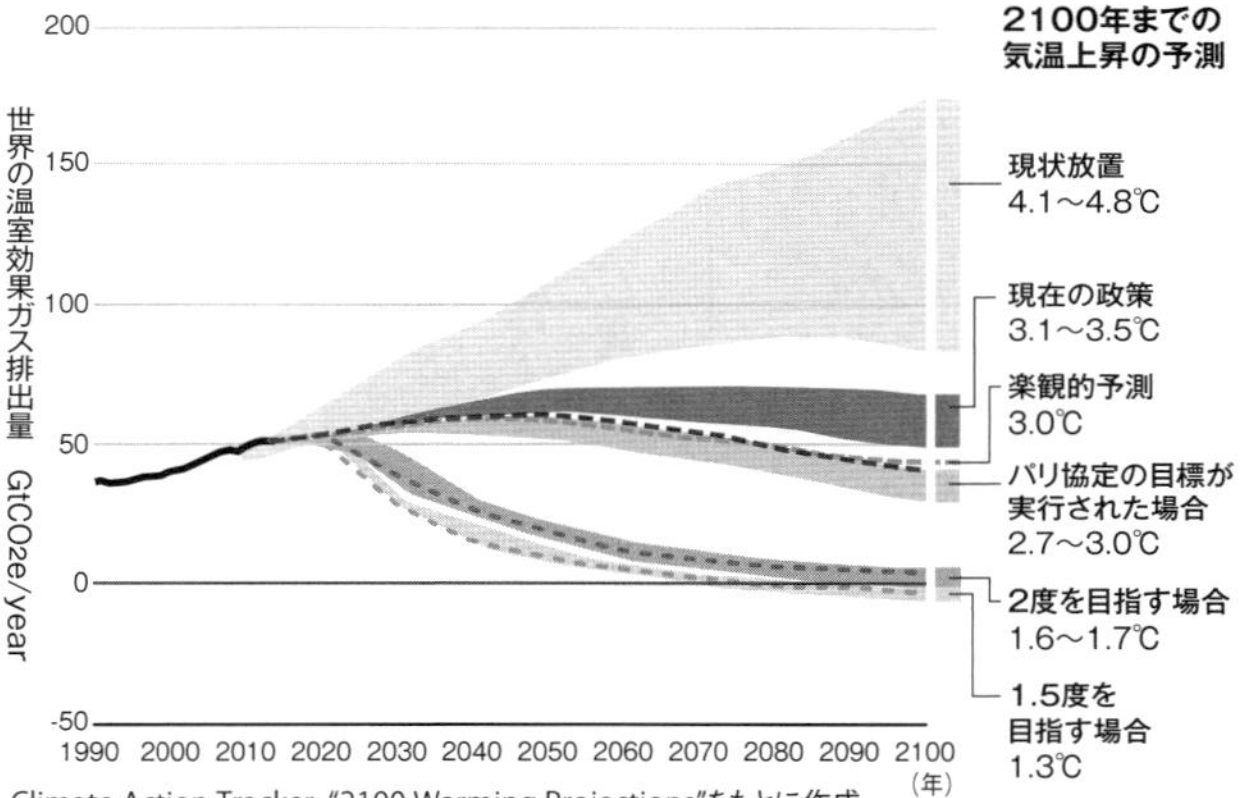

Climate Action Tracker, "2100 Warming Projections"をもとに作成

二〇三〇年までに二酸化炭素の排出量を半減させ、二〇五〇年までに純排出をゼロにする必要があります。この目標を実現するには、パリ協定ではまったく十分ではありません。パリ協定の内容を実行しても三度近く上がってしまうのです（図6）。

つまり、既存の市場や国家の枠組みでは十分な対策をまったく実現することができないことがはっきりしている。だからこそ、ここでも、解決策はシステムの外から来る必要があり、左派の役割が重要なのです。

気候正義（climate justice）を実現するには、国境を越えた新たなインターナショナルな連帯が必要です。というのも、北側の先進国で排出される大量の二酸化炭素の負の影響は、被害を最小限に抑える技術も資本もない、発展途上国に押しつけられているからです。

興味深いことに、エコロジーに強い関心を寄せていた晩年のマルクスも、資本主義の周縁部における資本の暴力性や抑圧に着目し、エコロジーやジェンダー、人種、エスニシティといった幅広い分野を巻き込んで、多元的な社会主義闘争を行う可能性を見出すようになっていきました。

こうした意味合いで言うと、現代のジャーナリスト、ナオミ・クラインが行っている分析は、マルクスの思考と、完全なまでに相似形を描いています。

クラインは、気候変動問題を解決するためには、資本主義による地球の掠奪を止めなければならないと言っていますが、さらに重要な指摘をしています。気候正義を求める運動自体が新たな連帯をつくり上げるだろうと。地球を〈コモン〉として民主的に管理するためには、階級やジェンダー、エスニシティなどを超えて人々が連帯しなくてはならないとクラインは訴えているのです。[22]

MH ええ、まさに。気候変動の問題に取り組むためには、資本主義に立ち向かわなければならないという点については、クラインとマルクスは一致しますね。

▼「所有」の論理を乗り越える

MH　一方、同じく〈コモン〉の問題について私が考えているのは、こういう道筋です。今までにないオルタナティヴをつくり上げていく時に、地球を財産ではなく〈コモン〉として考えるという視点が、何が可能で、何が必要なのかを考える枠組みになるのではないか、と。

斎藤　アメリカでの具体例があれば教えてもらえますか。

MH　ふたつ紹介しましょう。

ひとつめは、ダコタ州スタンディング・ロックでの石油パイプライン計画に反対する運動です。先住民スー族の居留地を通って建設される予定なのですが、特筆すべきは、北米の先住民のさまざまな部族が、抵抗運動の一環として、一堂に集まったことです。これは歴史に残る集会でした。

斎藤　クラインもこの抵抗運動について書いていますが[23]、ここでさらに興味深いのは、資本から〈コモン〉を死守しようとするなかで、白人の環境保護活動家たちが、パイプライン建設によって生活環境が脅かされる先住民たちと連携し、これまでのエスニシティの分断を乗り越えるようになっていることです。

MH　なぜ、そんな経緯をたどったのかを説明するには、土地という〈コモン〉が鍵となります。運動の狙いは財産権を主張することではないのです。

もちろん、スー族が土地という財産の所有権を主張してパイプライン建設に反対し、抵抗運動を組織することも可能でした。「この土地は我々の財産なのだ」、「パイプラインの建設によって、私たちの財産が破壊される。少なくとも、その危険性が十分あるはずだ」といった具合にです。でも、そういう主張の仕方はしなかった。

斎藤　もしスー族による所有権の主張だけだったら、この運動は、基本的に資本主義的な私的所有の論理をいくばくか拡張したものにしかならなかった、ということですね。

MH　ええ。「所有」の論理に基づく主張の代わりに、運動のリーダーたちはこう言ったのです。我々が発展させていかなくてはならないのは、地球との新たな関係だ。人々が共に地球に対してケアを行うという、今までとは違った関係を地球と結んでいかなくてはならないのだ、と。

〈コモン〉という用語は使っていないけれど、彼らの言っていることは、まさしく〈コモン〉と同じです。

地球を財産としてではなく〈コモン〉として考えるということは、「みんなで共に地球のケアを行い、地球に責任をもつ」と同じことを指しているのです。いや、ネグリと私が〈コモン〉のあり方について想像し、模索してきた以上のことを、この運動はやっている。たぶん、私たちよりもずっと先の地点に行っているのです。

もうひとつアメリカの具体例をお話ししましょう。ブラック・ライヴズ・マターの傘下の「黒人による土地と解放のイニシアチヴ」という運動が、土地などの〈社会的な富〉を取り戻すことを目指して、次のような主張をしています。

土地、労働、文化、権力、富、および精神を暴力的に「囲い込む」(enclosure)ことによってしか成立しない現在の掠奪的な経済から脱却するために、多様かつ相互連関的な戦略を練り上げることを私たちは目指している。自由な労働と自己統治を通じて、生産的で、気高く、持続可能な暮らしを実現するために欠かすことのできない資源に対する根源的権利を強く主張する。[24]

斎藤　二〇一七年の奴隷解放記念日(六月一九日)に、空き地や廃校となった校舎などを全米中の黒人グループが占拠しようとした運動ですね。彼らは黒人解放という目標を、ジエントリフィケーションや、持続可能な農業といった問題に接合したわけですが、ここではまさに人間と富の根源である「土地」との関係を変革することが目指されている。つまり、黒人労働力を搾取・抑圧し、住んでいた土地から追い出し、土地の肥沃度を掠奪する資本主義的な土地利用が根本から批判されているわけですよね。

MH　私が興味をもったのは、彼らの表現方法です。土地や財産の弁償（restitution）を彼らが求めているわけではありません。むしろ、本質的には、償い（reparation）を求める長い伝統のなかに位置づけられる主張なのです。

スタンディング・ロックの抵抗も、同じような償いの枠組みのうちに簡単に位置づけることができるでしょう。

彼らの言う償いとは、盗まれた財産を返せ、という主張ではありません。というのも、窃盗という考え方と私的所有者の権利というのは切り離せないからです。

ここで彼らが問題にしている、土地への権利、あるいは都市空間における住宅への権利は、要するに〈コモン〉を使用する権利です。そういう表現を使っていなくても、事実上同じことを意味しています。

斎藤　そもそも、一九世紀のイングランドでのエンクロージャー（囲い込み運動）が共有地〈コモンズ〉を解体し、私的所有の体制と資本主義をつくり出したのに対して、それを乗り越えようとする運動がコミュニズムでした。それと同じようなロジックで、現代のエンクロージャーを乗り越えるような、〈コモン〉の再取得に向けた新しい運動、つまり現代のコミュニズムが出てきているわけですね。

MH　掠奪的な経済に対する批判がある一方で、もうひとつには、私的財産とは異なる〈コモン〉の提唱があるわけです。彼らが求めているものを、不正義に対する償いだと考えてみてください。財産そのものに対する不正義、掠奪という不正義、囲い込みという不正義……。

不正義をただすということが彼らの要求であると考えれば、その要求が〈コモン〉だということがわかります。

そうすると、マルクスのプルードン批判にとても似ていることもわかるでしょう。つまり、プルードンが定義したように「所有＝盗み」だと主張すると、依然として私的所有の枠組みで考えてしまっていることになる。なすべきことは、もっとラディカルなプロジェクトであり、そこではもはや盗みというのはふさわしくない言葉になるでしょう。

私たちが目指さなくてはならない運動は、それよりもずっと先を見据えた償いのプロジェクトなのです。

斎藤　そのような〈コモン〉を獲得することが、掠奪的な経済を超えて、人間と自然の関係を修復（reparation）することにつながるのですね。

第四章　情報テクノロジーは敵か、味方か

▼「発展」の意味を問い直す

斎藤　地球を〈コモン〉として考え、そこから資本主義の終わった先を考えるという、ラディカルな想像力で未来を切り拓くようなプロジェクトが打ち出されるようになってきているという、第三章の議論は、非常に刺激的でした。

ただ、このようなエコロジーの観点から見て歓迎すべき運動が出てきてる状況とは別に、問題含みの潮流もあるように思われます。

というのもポストキャピタリズムについての最近の議論は、生産力至上主義の立場に立ち、生産力の向上や新技術のもつ潜在力について非常に楽観的に見ているからです。先ほども触れたニック・スルニチェクとアレックス・ウィリアムズの共著『未来の発明[25]』（未邦訳）もそうですし、この本の第三部で議論するポール・メイソンの『ポストキャピタリズム』も同様です。

ところが、スルニチェクらの生産力をどんどん上げていけばよいという見解とクラインの現代社会の掠奪に対する批判とのあいだに、緊張関係が生じているように見えます。事実、クラインをあまりに禁欲的なエコロジー思想だと批判する人もいる。「七〇年代のライフスタイルに戻るべきだ」、「飛行機をあまり使わないように」、「地産地消をすべき」とクラインが主張している、と。

もちろん、それがクラインの主張の核心部ではないはずですが、一部の人たちはそう考えているのです。だから、ここに緊張関係が見出される。とはいえ、あなたはクラインとも、スルニチェクとも親しいですよね。

MH　ええ。

斎藤　このふたりの緊張関係をどう見ていますか。

ＭＨ　私にとって重要なのは、「生産」と「発展」のあいだにある、さまざまな差異を考えることです。この論点は、生産力至上主義についてあなたが指摘したこととパラレルです。

歴史的に見ると二〇世紀後半から、「発展」の意味が、商品の生産を基準にした「経済成長」のことだとみなされるようになりました。先進国が第三世界に対して、そういう類いの「発展」をせよ、と押しつけるようになって以来、「発展」＝「商品生産における成長」という図式が顕著になったのです。

ところが、エコロジカルな観点だけでなく、さまざまな意味で、「発展」という概念の矛盾や問題が噴出していて、一般に言われる意味での「発展」概念に正当化の余地がないことは、明らかです。

しかし、私は「成長」や「進歩」という概念を捨てたくはないのです。重要なのは、「発展」の意味を別の形で考えられるようにすることです。地球のためになることや、地球に必要なことという方向性で、オルタナティヴな「発展」を考えることが可能なはずなのです。つまり、必要なのは、「反発展」や「脱成長」ではなく、「発展」のためのオルタナティヴな仕組みなのです。

る人もいます。

▼機械を使う社会の秩序

斎藤　しかし、環境危機が典型ですが、技術の発展こそが問題を引き起こしていると考える人もいます。

MH　たしかに、テクノロジーそのものが問題だ、と信じている人もいますね。そういう人は、テクノロジーが現代の問題を解決してくれるという、技術万能主義に対して、ある意味では、正しい反論をしている。

しかし、本当に考えるべき「問い」は、そういった類いのものではないのです。機械そのものが、問題なのではない。むしろ、機械を使う社会の秩序のほうに問題があるのです、マルクスが『資本論』第一巻で論じていたようにね。

同時に、マルクスは資本主義の時代の成果であるテクノロジーの重要性を強調しています。資本に対抗するための武器と、未来の社会につながる萌芽を提供してくれると。

斎藤　生産力の「発展」は資本主義の避けがたい傾向である以上、革新的な運動もそれを活用していかなくてはならない。そうでなければユートピア主義にとどまってしまう。これがマルクスの根本洞察でした。

MH　実は、マルクスは、自著のなかで、共産主義についてあまり多くは語っていません。その数少ない一ヵ所は、『資本論』の「資本主義的蓄積の歴史的傾向」の節で、その議論をこう締めくくっています。共産主義の基盤になるものは、資本主義の時代に成し遂げられた成果である。それは、社会的な協働（cooperation）と、地球と生産手段を〈コモン〉として利用することだと。ここでマルクスが地球に言及しているのが、私は好きです。[26]

マルクスの流儀にならって資本主義に抵抗するのなら、やるべきことは、まず資本主義が生み出した道具をかきあつめてくることでしょう。

『共産党宣言』では、プロレタリアートがどんな「武器」を与えられているかという話が出てきますよね。[27]まず、工場という場所で大勢が一緒に労働するようになったことが「武器」だと言う。でも、それだけではありません。コミュニケーション手段や教育など、さまざまなものをブルジョワ社会はプロレタリアートに提供した。それは、資本を発展させるために必要なことでしたから。しかし、それは、期せずして、プロレタリアートに武器を与えることになってしまっているのです。

要するに、資本主義のオルタナティヴを考えるために、資本主義社会と絶縁する必要はなくて……。

斎藤 iPhoneを今すぐたたき割る必要もない！

ＭＨ そうそう、今、私の手にあるこのiPhoneを拒絶する必要はないわけですよ。そのかわり、資本主義を乗り越えるために、iPhoneを武器として使うにはどうすればいいのかを、考えるべきなのです。どうすれば、iPhoneを資本主義社会とは異なるオルタナティヴな社会を築くレンガのひとつにしてしまえるか、とね。

▼「発展」を「掠奪」から切り離す

斎藤 そのとおりですね。話を少し戻せば、マルクスは、生産力の「発展」と地球からの「掠奪」をきちんと区別していました。

それにならえば、生産力の「発展」が本当に「発展」だと言えるのは、それが持続可能な形で成し遂げられる場合だけです。つまり、生産力が持続可能性なしに増加していくようであれば、それは「発展」ではなく「掠奪」でしょう。未来の世代からの先取りですから。

マルクスによれば、真に持続可能な方法で、生産力の「発展」を追求していくことは有意義だけれども、持続可能な「発展」は社会システムを根っこから変革することなしには不可能です。そして、資本主義的な意味での「成長」は、「掠奪」以外にありえないとマルクスは確信していた。そのうえで、異なった形の「成長・発展」の可能性を探究し続けたのです。

資本主義のもとでは、利潤の追求に適していないものは、「発展」しないまま放置されがちです。たとえば、教育、育児、介護、地球にやさしい低炭素産業などですが、そういったものを、我々は「成長」させる必要がある。「脱成長」では、オルタナティヴとして十分ではありません。

MH　そのとおりだと思います。私たちの今の議論は、主流派のマルクス主義者たちにカウンターを食らわせる内容でしたね。主流派というより、前世紀の教条的マルクス主義者とでも呼んでおきましょうか。彼らは「発展」というものを、産業的な意味でしか捉えていないので、環境の持続可能性にほとんど注意を向けていないんですよね。

斎藤　持続可能な「発展」を、もっと明確な形で構想して、提示していくことが必要です。

▼非物質的労働の時代

斎藤　これまでの議論からもわかるように、非主流派マルクス主義と言われるあなたはむしろマルクスの方法論を忠実に活用していますよね。あなたの「非物質的労働」（物の生産を主軸にしない労働）についての分析を読むと、とくにそう思います。

マルクスがイギリスを分析して、工場で働く人々の労働が「価値」を生み出していることに気づいた時、つまり「労働価値説」に到達した一九世紀当時、工場という生産様式は、まだ支配的な地位を占めるシステムではありませんでした。しかし彼は、工場での労働という形態のなかから、重要な傾向を発見し、それを基礎に労働価値説を展開したのです。

あなたの発想法は、それとそっくりです。サービス業やIT産業など非製造業での「非物質的労働」が社会で、もっとも主要な労働の形態だとは、まだ言えません。インドや中国に目を向ければ、私たちが消費する物を数多くの労働者たちが生産していますから。

しかし同時に、非物質的労働は資本主義的生産のもっとも先進的な形態です。だからこそ、あなたは非物質的労働を分析して、そこに新しい抵抗の可能性を探そうとしている。

MH　ええ、まさしくそのような方法論として、ネグリと私は非物質的労働を分析しています。

マルクスの方法論とは、資本主義がどんなふうに発展していくのかを見極めることで、その先を予見できるようにする、というものでした。『資本論』が刊行されておよそ一五〇年が経ちましたが、その一五〇年のあいだ、資本主義社会のなかで、工業生産が、他の生産形態を抜いて、支配的な形態であったということは、誰もが認めることでしょう。「支配的」と言っても、量的な意味で言っているのではありません。先ほどのご指摘どおり、一八五〇年には、地球規模で考えてみれば、工業は、全産業のなかでわずかな割合しか占めていませんでした。

　しかし、工業は質的な意味では、すでに支配的な位置にありました。工場における生産を組織する方法とその様式は、社会全体へと広がっていき、他の生産の形態や社会全体にも押しつけられていったのです。

　機械が導入され、工業独特のリズムと時間が採用され、産業の要求する労働日が取り入れられて、社会は工業化していった。農業も工業化されなくてはならなかった。家族のあり方も工業社会に即したものになる必要があった。長い期間をかけて、社会のすみずみまでが工業化していったのです。

斎藤　そして今、第三次産業革命によって、その工業が経済や社会に対してヘゲモニーをふるっていた時代が終焉を迎えようとしています。

MH　もちろん、工場労働者が消滅するという意味ではありませんし、工場労働者の数が減ったという意味でもありません。工業がヘゲモニーを握っていた時代の終焉とは、工業的な方法や組織の様式が、他の生産形態や社会にこれ以上、波及しないという意味です。

そうだとすると、我々が問うべき課題は、次のようなものでしょう。圧倒的な影響力をもつ新たな経済的生産の形態として現在、台頭してきているものは何なのか。一八五〇年当時、工業が、その性質を他の生産形態や社会に押しつけていることにマルクスが気づいていたように、現代においてその性質を徐々に押しつけていくのは、どんな生産形態なのだろうか、と問うべきなのです。

斎藤 あなたの見立てでは、それが「非物質的生産」だということですね。

MH ええ。ネグリと私は、「非物質的生産」あるいは「生政治的生産」という用語を使って、この問題を提起してきました。

私たちがこれらの用語を使って注意を向けたかったのは、工場の外部で資本が生み出す、多岐にわたる労働の形態です。非物質的生産とは生み出される生産物のごくわずかな割合だけが物質的である、ありとあらゆる生産形態を指します。「完全に非物質的である」という定義ではないので、たとえば、ソフトウェア開発者やプログラマーといった人たちも含まれることになります。プログラムのコードはシリコンという物質に埋め込まれていますし、電力がなければ動きませんが、その生産のうちの大部分は、アイディアや知識や情報など非物質的なものが対象になっていますから。

同じように、感情労働も非物質的労働です。たとえば、医師や看護師や介護士など感情労働者たちは、傷を縫い合わせたり、尿瓶を洗ったり、数多くの物質的な行為もなしています。しかし、一番重要な仕事の目的であり、実際、仕事の大半を占めるのは、感情の協調を生み出すことです。

病院やホスピスで終末期医療にかかわる看護師たちは、患者たちが良い臨終を迎えるための手助けをしますが、それはかなり大変な仕事です。看護師たちは死を迎える患者の社会的関係をもマネジメントしなくてはならず、そのマネジメントは、友人間や家族間の関係にも及んでいるのです。

教師、あるいはもっと広い意味で、教えることを生業としている人たちも、その仕事の大部分が感情にかかわるものであるのに変わりはありません。

いずれにしろ、ネグリと私が非物質的労働という言葉で捉えようとしているものの対象は、かなり広い事象だということになります。コンビニエンスストアで働く人も、ファストフード店で働く人も、そこに入ってきます。

こうした新しい労働形態のもとでは、あるいは労働組織化の形態といったほうが正確かもしれませんが、以前の形態の時よりも、搾取が進み、人々が苦しむようになります。それが、今までと違った質の苦しみを生み出すこともあります。

たとえば、飛行機の客室乗務員の感情労働です。社会学者アリー・ホックシールドは『管理される心』という本のなかで、工場での労働よりもひどい形で、疎外され、搾取されていると議論しています。[28] なぜ、そんなにも過酷なのかと言えば、個々人がそれぞれにもっている感情、つまり友情を育み、人を愛するための能力が、商品として販売されているからです。

これは、サービス産業に従事している人たちに共通する苦しさです。ファストフード店で働くことも、昔の労働より、多くの苦しみと搾取を伴うものなのです。

▼マルチチュードの主体性

斎藤　非物質的労働という新しい生産形態が、すでに他の生産の領域に影響を与えていると思いますか。

MH　はい。実際、非物質的生産で使われている、協働的ネットワークと通信ネットワークの影響は大きく、他の領域でも支配的なものになってきています。
たとえば中国の製造業です。中国の巨大工場は、通信ネットワークや情報テクノロジーによって大きな変化を遂げていて、ＩＣＴ技術やロボットがすみずみにまで浸透していま す。二〇〇〇年頃の欧米の工場の風景と比べれば、その差は歴然としています。労働や生産が変容していく、その動態をできるだけ正確に、私は把握したいのです。

斎藤　主要な生産の領域が非物質的労働に移行したのであれば、労働者階級という概念も再定義しなくてはならない、ということですね。

ＭＨ　だから、ネグリと私は「マルチチュード」という概念に行き着いたのです。

斎藤　ふたりが「マルチチュード」という言葉にスポットを当てたのは、二〇〇〇年刊行の『〈帝国〉』のなかですから、二〇世紀の終わりにはすでにこの変化に気づき、再定義の必要を感じていたということですね。「マルチチュード」という多様性や差異に焦点を当てた主体性の概念がなぜ必要になるのでしょうか。

ＭＨ　これまで労働者階級と言えば、多様というよりは、均質的な階層だと理解されていました。つまり、ほとんどが男性で、世帯主で、工場で労働をしている人たちであると。労働者階級をこのように理解するのは、不正確だけれども、工業化の時代においては、手っ取り早い理解でもありました。

もちろん、工業化の時代であっても、そういった典型的な労働者だけでなく、もっといろんなタイプの人々が大勢いましたけれどね。

それに対して、工業化の時代が終わった現代においては、労働者階級を構成する人たちの多様性を認識しておくことが、ますます重要になってきています。

マルチチュードについて、プロレタリアートを別の言葉で言い換えただけじゃないか、という批判もあって、それは、そのとおりだと私も思います。しかし、マルチチュードという言葉が強調しているのは、労働者階級に属する人々のもつ多様性です。人種、階級、セクシュアリティ、ジェンダー、ネイションなどがばらばらな勢力によって、労働者階級は構成されている。現代における労働者階級とは何かを理解するためには、これらすべてが重要な要素なのです。

ネグリと私がマルチチュードという概念を使ってやりたかったのは、社会変革の主体を多様なものとして捉え直すことです。ただし、外在的に捉えた多様性ではありません。その内部にさまざまな差異を包含している主体性を考えたかったのです。

▼労働者の自律性は高まった?——AIとシェアリングエコノミー

斎藤　マルチチュードに関連したあなたの主な主張のひとつに、資本がジレンマに陥っているというものがありますね。社会的協働が拡大し、人々の社会的能力と自律性が発達してくると、資本による労働の搾取は、人々の社会的能力と自律性に依存するしかなくなるのですが、皮肉なことに、資本がこうした能力を完璧にコントロールしたり、資本に組み込んだりすることはできない、と。

こういった能力が発達していくのを制御するには、人々の自律性や自発性そのものを制限することが必要となるわけですが、そうなると、資本は非物質的労働から儲けを引き出すことができなくなる。一方、資本が搾取し続けようとすれば、社会的協働や自律性がさらに発展するため、資本による人々の管理の難易度は上昇していくと。

MH　ええ。それが私の理解する、現代の資本主義のジレンマです。

斎藤　しかし、資本主義はそのようなジレンマに直面して本当に苦しんでいるのでしょうか。そこに資本主義を突破する可能性を見ているとしたら、私には楽観的に聞こえます。

よく知られているように、マルクスも新しい社会的な知の発展を予見して、「一般的知性」として肯定的に評価しました[29]。それは、今日でいえば、オープンソースやクリエイテイヴ・コモンズ、シェアリングエコノミーといった新しいネットワークの発展に対応するものです。

しかし、マルクスはそれがポストキャピタリズムを自動的につくり出すと賛美するわけではなく、むしろ、資本による労働者の支配や抑圧が増大する可能性も強調しています。

この文脈で、今でも私が重要だと思うのが、アメリカの経済学者ハリー・ブレイヴァマンが一九七〇年代前半に行ったテイラー主義の分析と批判です。[30]

フレデリック・テイラーは、二〇世紀初頭に「科学的に」労働過程を分析し、もっとも効率の良い分業のパターンを計算し、知識や技術の新しいあり方を生み出した、と言われています。資本の側に都合の良いように、労働過程を単純化し、分割し、作業工程を組み直すことによって、労働者の自律性を奪っていったのです。

その批判としてブレイヴァマンが注目した、テイラー主義の大きな特徴は、「構想」と「実行」の分離という点でした。以前は知識と技術をもつ働き手が、「構想」と「実行」その両方を一緒に行っていました。まずは、作業を頭のなかで「構想」し、それから手を動かして「実行」する。自分たちのスキルや能力に基づいて、労働者たちは自律的にそれを行っていたのです。

その場合、資本は、労働者のもつ知識と技術に頼るしかない。資本からすれば、一体となっている「構想」と「実行」を引き裂く必要があったのです。というのも、知識と技術の両方を労働者がもっている限り、労働者は資本の命令を拒否することができるからです。ところがテイラー主義によって労働者は経験や洞察に基づく知を奪われ、資本の命令に従わざるをえなくなった。こうして革命的とも言えるほど、資本の支配力が増大した、というわけです。

脱工業化し、「非物質的労働」が主流になっている現代でも、私は同様の事態が起きていると考えています。例として、アルゴリズム（問題を解くための手順をパターン化したもの）について考えてみましょう。ネグリもあなたもアルゴリズムを、知識や情報が〈コモン〉となっていくなかで生み出されるポジティヴなものとして見ていますが、果たして、どうでしょうか。

たとえば、タクシーの運転手は、その仕事に必要な知識をひととおりもっている必要がありますね。どこに行けば、たくさんお客が見つかるのか、渋滞を避けるにはどの道を選べばいいのか。そういった知識をもつことが、運転手の自律性を担保しています。

しかし、車両に搭載したＧＰＳが運転手の行動をビッグデータとして集積し、熟練した運転手がどんなルートを選んでいるのかなどを、企業が分析できるようになった時、どうなるのか。資本は、運転手が培ってきた知識を独占するようになるでしょう。

資本はアルゴリズムを駆使して、適正なルートを運転手に指示するGPSを活用するようになる。知識のあるベテラン運転手をクビにして、ウーバーのように普通免許をもっているだけで知識のない運転手に取り換え、彼らの行為を監視・管理することができるのです。

MH　そして、ごく近い将来に、その未熟練の運転手も、自動運転の車両に挿《す》げ替えられる……。

斎藤　ええ。スキルのいらない仕事はAIとロボットに置き換えられていくでしょう。新しいテクノロジーを使って〈コモン〉を生み出していくというポジティヴな傾向があることは認めるにしても、その一方で、そのネガティヴな力がまさってしまうのではないか、という不安を抱いています。

ウーバーのようなビジネスが、世界的に広がっているのを見ると、その不安が確実なものであるような気がします。実際、ウーバーの運転手たちの不安定な雇用状態と低賃金は世界中で問題になっていますから。

▼GAFAとどう闘うのか

MH　ブレイヴァマンとテイラー主義の議論についてのあなたの指摘は正しいと思います。現代の複雑な機械化の様式についても、その議論の延長線上で正しく捉えられるでしょう。社会的な知識を機械のなかに集約し、固定することで、資本はその知識をコントロールできるようになるわけですから。さっきの話のタクシー運転手の例は、まさにその典型ですよね。

この議論は、資本主義社会において、GAFA（グーグル、アマゾン、フェイスブック、アップルの主要IT企業）の主導する機械化についての分析にまで拡張できます。GAFAのアルゴリズムの問題について言えば、プラットフォーム資本主義は現実にはさまざまな形で存在しているとはいえ、データはどれも機械のなかに集約・固定されているわけです。つまり、社会のなかで生み出された知識や情報が固定資本としての機械のうちに統合されているのです。

だからこそ、固定資本の管理権を求めて闘わなくてはなりません。固定資本の新しいメカニズム、つまり集約・固定された知の新しいメカニズムがアルゴリズムですが、私たちはこのメカニズムを自分たちの〈コモン〉とすべく闘う必要があります。

そうしたなかで、私が面白いと思って見ているのは、アルゴリズムを廃棄せよ、と要求するのではなく、アルゴリズムの管理権を渡せ、という労働争議です。

たとえば、ベルギーにレストランの食事を自転車で配達するデリバルー（Deliveroo）という企業があります。ウーバーイーツのような事業ですが、二〇一七年に配達員たちがストライキを起こしました。そのストの要求項目のひとつが、アルゴリズムに対する管理権だったのです。

アルゴリズムという固定資本の管理権を要求する運動を彼らが展開できたのは、問題の一端が、自分たちが知識から切り離されているところにあるのを理解していたからです。ブレイヴァマンに関してあなたが指摘していたことと、これは完全に重なるものですよね。人間のもつ知識が機械に集約・固定されれば、それは、大きな社会的進歩となる可能性があります。だからこそ、私たちが本当にしなくてはならないのは、アルゴリズムを拒否することではなく、アルゴリズムという固定資本の管理権を求める闘いなのです。

そのうえで、知っておくべきことは、グーグルやフェイスブックを私たちが利用するだけでも、プラットフォーム企業によって常に搾取されているということです。

いったい、何が搾取されているのか。搾取されているのは、富の現実的な生産です。ここまで議論してきたような、知識や情報、社会的な関係といった現実的な富の生産です。交友関係など、現実的な価値がデータ化されてプラットフォーム企業には蓄積されていますが、それは、私たちから搾り取られたものです。

もうひとつ言っておきたいのは、固定資本の管理をめぐって闘うのは、とても困難だけれども、大勢のみんなを巻き込んで闘う方法として、期待できるものであるということです。

斎藤　「構想」と「実行」の分離を乗り越え、固定資本の管理権を手に入れる闘いは、非物質的労働の時代における生産手段をめぐる闘いだというわけですね。

MH　ブレイヴァマンの話には、自律性を求める闘いを個々人でやるのではなく、みんなで一緒に取り組むべきだ、ということを付け加えておきましょう。このことは重要なんです。そうでなければ、「構想」と「実行」の統合とは、職人仕事を指して終わってしまう。誰かに靴のデザインをするところから、皮革を裁断し縫い合わせるところまで、ひとりに任せればいいという範囲の話で収斂してしまっては意味がありませんから。

▼押しつけられる「自律性もどき」

斎藤　とはいえ、私が懸念しているのは、非物質的労働に基づく資本主義が、一人ひとりの自律性を高めているかのように装いながら、「構想」と「実行」をさらに分離させていくのではないか、ということです。

たとえば、ユニクロで働く人たちは、「君たち一人ひとりが経営者になれ」、そして「自律的に働くんだ！」と日々、マネージャーたちから言い聞かされています。でも、現実には、マニュアルをすみずみまで記憶させられる。マニュアルが本当に暗記できているかの試験まで受けさせられるんですよ。

　現場では自律的な労働者であるように見えるし、会社も自律的な労働者になれと言っているけれども、実際に起こっているのは、あらゆる労働過程の完全なマニュアル化とルールの内面化です。自分が自律的に行動していると思い込んでいるだけで、実はマニュアルに従っているだけなのですが、そのことに気づかずにいる。

ＭＨ　だとすると、どうやって、その状況に立ち向かうことができるのか……。

斎藤　かなり難しいですね。だいたいは若い労働者で、たくさんの店舗でばらばらに働いています。労働組合もない。正社員になっても数ヵ月で、鬱病を発症する人たちも少なからずいて、そんな場合、退職するしか選択肢がない。その後も長期にわたって仕事ができない状態になってしまう[31]。

このことは日本で、深刻な社会問題として大きく報道されました。ですから、社会的協働を組織するための能力が高まっていると現状を評価するのは、日本の文脈から見ると、無理があるように思えます。

むしろ、思考を必要としない知的労働がどんどん増えていっている。労働者は知的労働と似たようなことをやっていますが、ただマニュアルに従っているだけです。もし許可なく改善点をマニュアルに加えれば、処罰の対象なのです。

MH　なるほど。それは自律性とは呼べないね。自律性もどきです。

斎藤　これが大局的な傾向になってしまうのではないかと……。

MH　ありえない話ではないですね。

ただ、他方で、「構想」と「実行」の分離を乗り越えるような社会的協働も生まれています。重要なのは、工業化の時代においては、協業（＝協働）と生産は主に「上から」命じられるものでしたが、社会的協働と社会的生産の時代を迎えた今日では、協働と生産は主に「下から」生じてくるものになっていることです。

『資本論』をひもとけば、協業が成立する場面においては、資本家が「戦場での将軍」や「オーケストラの指揮者」のように振る舞うとマルクスは述べています。[32] 資本家は協業という生産方法を創造し、労働者に協業を強制し、労働する場と手段と原料を提供し、労働者たちは一緒に協力して働くように訓練されます。こんなふうに、工業化の時代においては、協業は「上から」押しつけられるものでした。

対照的に、現代の協働は、「下から」自律的に発生してくることが比較的多くなってきています。ホスピスの看護師がその典型なので、先ほど例にあげたのです。終末期の患者をケアするスタッフだけでなく、患者の家族や友人との協働を自律的につくり出していますからね。

斎藤　たしかに、介護や保育の現場においては、上からの指揮・命令だけではどうにもならないし、マニュアル化やロボット化などによってはケアの質が大きく低下してしまう可能性がありますよね。

むしろ、どうしても労働者たちがもっている知や洞察、そして、感情労働のための自律的な協働に依存しなければなりません。資本が介入しきれないために、マニュアル化や単純化に対する制限を利かせ、自分たちで労働を管理することができる余地が大きい。

ＭＨ　この論点は、「アントレプレナーシップ」（企業家精神）という概念にも当てはめることができます。アントレプレナーシップとは、シュムペーターの用語を使うなら、労働者と資源とプロセスを「新結合」させることです。[33] シュムペーターの「新結合」はいろんな要素をあつめて、組み合わせるという意味で、マルクスの言う「協業」（Kooperation）に似ています。

すると、このアントレプレナーシップを、生産過程での「協業」を自律的に組織する能力と考えることができる。つまり、マルチチュードのアントレプレナーシップというものも、ありえると考えられるのではないでしょうか。

マルチチュードによるアントレプレナーシップの内実を考えれば、それには、生産過程を自分たちで組織し、管理する能力と共に、不平等を生み出すシステムに反対する行動も含めることができるでしょう。自分たちの手による、共生的・相互主義的なマネジメントの試みは、このアントレプレナーシップというカテゴリーに分類できるのです。

斎藤　アントレプレナーシップという概念を左派的に脱臼させるということですか。ビジネスマン受けもいいかもしれませんね（笑）。

MH　ところで最後に、あなたが言及した楽観主義にまつわる疑問に答えておくべきかもしれません。

ネグリと私の著作について、単なる楽観主義なのだと言う人々は大勢います。「あのふたりは、根拠もなしに、ものごとすべてが良くなっていくと吹聴している」と侮辱する人さえいます。

しかし、未来が良くなっていくかどうかという問題を、私たちは、信頼や自信という観点からネグリと私は考えているのです。

過去を振り返れば、新しい形の抑圧や搾取が現れてくるたびに、人々はそれに対抗する闘い方を編み出してきた。その繰り返しが歴史です。そして、今後、そうした闘いを人々が放棄するだろうと考える合理的な理由はない。だから、信頼の問題なのです。働く人々が、そして働いていない人々も一緒に、闘いのやり方を見つけていくだろうという信頼を私たちは語っているのです。

もちろん、私の楽観主義的な態度は、政治的な目論見から選択している態度だとも言えます。だって、現状がどれだけひどいものなのかわかりきっていることだし、それをわざわざ伝える必要はないでしょう。

理論の果たすべき役割とは、今あるシステムを批判することだけではなく、抵抗とオルタナティヴの可能性を発見し、明確な言葉にしていくことです。悪いほうにしか状況は向かわないのだと決定論者のように述べるだけなら、それはマルクスの方法ではないように思います。

第五章　貨幣の力とベーシック・インカム

▼ベーシック・インカムは救世主なのか

斎藤　私は「楽観主義は意志のものである」というあなたの立場にはいつも勇気づけられています。しかし、ここでは「悲観主義は知性のものである」ということにあえてこだわってみたいと思います。

聞きたいのはベーシック・インカム（以下、ＢＩ）についてです。あなたはＢＩを提唱していますが、現代の社会でそれがどういう戦略的意味をもつのかという問題です。

現代の社会とは、アプリで食事を注文すると、ウーバーイーツのようなシステムを通して誰かが配達して届けてくれるような社会です。犬の世話や散歩も、あなたの代わりにやってくれる人をアプリで探せる。汚れた服も、宅配で集荷され、誰かが洗濯をしてくれる。トイレットペーパーがなくなれば、ネット・スーパーに注文すればいい。何でもアプリがあれば済んでしまう。

他方で、現実にこれらのサービスを提供する労働者は低賃金で、不安定な非正規雇用なわけです。こんな社会で、ＢＩが導入されたらどうなるでしょうか。今の労働条件や生活水準をただ受け入れるしかなくなるでしょう。

しかも、アントレプレナーシップというイデオロギーによって、その状況は正当化されてしまいます。

自律性のある労働者になりなさい、そうすれば食事やトイレットペーパーを誰かのために運送する時でも、他人の犬の散歩をする時でも、クリエイティヴでいられますよ、というような具合にです。

あるいは、そういう状況に陥っているのはアントレプレナーシップが足りないからだ、要するに、自己責任だと言われかねないわけです。

MH　『〈帝国〉』の最後の部分で、ネグリと私は実現可能な行動について三つの方向性を打ち出し、[34]そのひとつめがBIでした。ちなみにふたつめは移動の自由、そして三つめは生産手段を取り戻すことでした。

もちろんBIはユートピア的な解決策として提唱したのではなく、BIに秘められたラディカルな可能性に注目しているのです。

まずBIを導入すれば、収入を仕事から切り離すことができます。二〇世紀には、収入と社会的権利は仕事と結びついているという教条的な考え方がありましたが、それはもう時代遅れです。

BIはまた、過酷な仕事を減らしていく力にもなると考えられます。BIがきちんとした生活のために十分な金額で支払われれば、わざわざ劣悪な労働環境で働くことはなくなりますからね。

変革のためのツールとしてBIが不可欠だとは思いませんが、それでもBIはかなり具体的な改善につながると思えるのです。しかし、あなたが表明されていた懸念は、社会的な不平等をよりいっそう悪化させることになるというものでしたね。

斎藤　そうです。労働条件の悪化が、BIによって正当化されかねないと考えています。

人々のいやがる仕事の担い手が消えてしまうような金額のＢＩをたぶん資本主義国家は支給しないでしょう。

ＭＨ　ああ、それは私が考えているＢＩとは違いますね……。

斎藤　毎月五〇〇ドルを支給するだけでも、ＢＩだという人はいますが、あなたの言うＢＩとは、誰もが無条件に、生きるために十分な額を受け取るというものなのですか。

ＭＨ　ええ、そうです。

　私がＢＩを提案した二〇世紀の終わりの頃には、ＢＩなんて常識外れのアイディアにしか見えないだろうと考えていましたが、最近では主流派の経済学者が提案してくるＢＩもたくさんあって、シリコンバレーの起業家が監修したものさえも出てきています。

斎藤　まさに同床異夢という感じですが、ＢＩのアイディアを遡っていけば、その由来のひとつは新自由主義の教祖とも言えるミルトン・フリードマンの「負の所得税」に行き当たるんですよね……。[35]

ＭＨ　たしかにそうですが、でも権力側が実際にそれをやってくれたらいいと思うんです。大きな改善につながりますからね。相当程度、貧困をなくすことができるでしょう。それ自体、良いことですよね。

もちろん、ＢＩが革命の代役を果たすとは考えていません。今の社会が抱える病理をいくぶんかでも解消することのできる手段である、というだけです。といっても、変革のための効力をもつ可能性も否定はできません。

斎藤　私はあまりそう思わないんですよね。

ＢＩには、「構想」と「実行」が分離している状態を改善する効果はありません。いくばくかの貨幣を受け取れば、少々の商品の購買が可能になる。こんなふうに購買という行為の主体性が発生しても、それは貨幣の力によるものであって、労働者が固定資本や生産手段を取り戻すことによって発生した主体性ではない。

労働者が固定資本や生産手段を取り戻さなければ、「構想」と「実行」が分離したままです。

ＢＩと関連させて、あなたは「貨幣そのものは問題ではない」と『アセンブリ』のなかで書いていますね。貨幣は「〈コモン〉としての貨幣」として使用できる可能性があると。[36]

この文脈で再びＢＩの話が展開されていますが、この点についても、異論があります。マルクスは貨幣そのものが問題だと捉えていました。貨幣はどんなものでも購買できるという特別な力を備えており、それが基礎となって、他人を支配できる社会的な力をもっている。貨幣なしには商品生産社会で生きていくことはできません。マルクスは、商品と貨幣によって媒介されたこの関係を克服しようとしていました。マルクスにとって、貨幣こそが資本主義の根幹的な問題だったのです。

こうした考え方からすれば、私たちの目指すべき方向は、生活に必要なサービスや財の現物給付による「脱商品化」（エスピン＝アンデルセン）[37]であり、貨幣と商品の力を制限することではないでしょうか。

現金を給付して、人々に商品を購入させる。つまり、貨幣と商品の交換をさせるＢＩではなく、基本的なニーズを満たすサービスを給付することを目指したほうがいい。そのほうが、貨幣の力を制限できます。

具体的に言えば、教育や医療を無料にすることや、先ほどお話のあった電気や水などへの開かれたアクセスなどがそれにあたるでしょう。いわば「ユニバーサル・ベーシック・サービス」です。

これを要求するのであれば、ＢＩは別にいらないのではないでしょうか。目指すべきは脱商品化で、貨幣の力に基づいた変革ではありません。

▼貨幣の力をどう見るか

MH　私からの応答として、まず貨幣の話をさせてもらって、その後、脱商品化の話に移っていきましょう。

思うに、あなたと私の違いは、資本主義下の貨幣を想定しているのか、あるいはより一般的な枠組みでの貨幣を想定しているのかの違いではないでしょうか。資本主義という枠内の貨幣の話であれば、あなたの意見に賛成です。しかし、貨幣というのはもっと一般的な概念、歴史的行為だと考えています。

だから、これは、ネグリと私がもっと一般的な哲学的なレベルの話として、考えている問題なのです。つまり、貨幣の本質を交換様式の問題として定義していませんし、貨幣を価値の蓄積の問題であるとさえみなしていません。

では、私たちにとって貨幣とは何か。貨幣とは、社会的関係を再生産するためのテクノロジーなのです。それゆえ、資本主義のもとでの貨幣は、資本主義的な社会関係を再生産するためのテクノロジーとして機能しているのです。

だからといって、ネグリと私が社会的関係を制度化するものに反対しているわけでも、社会的関係の再生産のための技術を否定的に見ているわけでもありません。貨幣というテクノロジーが、〈コモン〉という別の形で使われてほしいのです。「〈コモン〉としての貨幣」とは、つまり、民主主義的で、平等で、公正な社会的諸関係を再生産するためのテクノロジーです。

ネグリと私が、「〈コモン〉としての貨幣」という概念にこだわる理由は、今日の話の冒頭でしていた、社会運動とその制度化の議論とある意味で重なります。社会運動に制度化が必要なように〈コモン〉にも、社会的な制度化が必要なのです。

私たちが関心をもっているのは、商品生産や交換様式ではありません。むしろ、広がりと持続性をもつ社会的テクノロジーとしての貨幣に関心があるのです。その意味では、私たちのこういう貨幣の捉え方は、一般的な貨幣のイメージとは対立するものかもしれません。

脱商品化についても同じで、斎藤さんの意見はそのとおりだと思います。未来に到達したい社会の姿についてお話しされていましたが、私はＢＩを到達点として考えているわけではなく、資本主義社会の問題を多少なりとも和らげる方法として捉えています。そして、同時に、ＢＩは「働かざる者食うべからず」というような資本主義のもとでのイデオロギーで凝り固まった考えをほどき、新しい方向に広げていく助けにもなります。

もちろん、医療や教育といった基本的なニーズの脱商品化のほうが望ましいのではないか、というあなたからの問いかけについては、まったくそのとおりだと思いますよ。しかし、どのように脱商品化を進めるのか、脱商品化を誰が組織するのか、ということが、問題として残ってしまいますよね。

斎藤　同じゴールを目指しているのはわかりましたが、ゴールにたどりつくまでにどの経路をとるかについて、あなたと私では違いがあるようですね。

私はその組織化の担い手として国家を使っていくことは現実問題としてやむをえないところがあると考えているのですが、国家が脱商品化の推進役になることに、あなたは反対しますよね。

MH　うーん、国家が推進役となる脱商品化というのは、なかなか難しいのではないかな。国家がその役割を担うとして、国家がうまく脱商品化を進められるのか、いや、進めたがるのか……。

コミュニティが主体となって医療を提供するという試みは、小さな規模であれば無数にありますし、それは私たちが医療の脱商品化をイメージする助けとなってくれるでしょう。

最近、私が一番注目している脱商品化を求める動きは、大学の学費高騰化への反対運動と、学費ローン問題への取り組みです。

この運動のなかで一番、面白い動きは、従来とは異なる教育スタイルを求めるグループです。いわゆる、教えて育てる教育ではなく、学生たちがみずから学ぶという方向性を強調している人たちがいるのです。

新自由主義的な大学の台頭によって、既存の大学のあり方が破壊されつつあるというのは事実ですし、伝統的な教育方法のうち、国家が重要な役割を果たしてきたものが破壊されつつあるのも事実です。とはいえ、それに抵抗する学生運動の目指すところは、福祉国家の時代の大学を取り戻すことではない。今までとは別の、何か新しいものを生み出さなければならないということを、現代の学生運動は主張しています。

新自由主義に支配された教育を「教育のさらなる商品化」と定義するなら、教育の脱商品化とは、国家や地方自治体などの公的助成で成り立ってきた従来のモデルをまずは取り戻そう、ということになります。それも、大事です。

しかし、教育を脱商品化させる方法が他にもあるかもしれないと考えるほうに私は関心があります。

斎藤　政治主義に陥った日本の左翼たちの多くは、ＢＩに大きな期待を抱いています。資本主義のもとで貨幣はすでに大きな力をもっているがゆえに、貨幣という力を使えば、社会を変えられると彼らは信じているのです。資本主義に抗うための武器として、貨幣を考えているのです。

しかし、貨幣の力の源泉は資本主義にあるわけですから、その力を資本主義に刃向かうために、使うことなどできるはずがありません。

とくに労働組合の力が弱い、日本のような国では、いったんＢＩが導入されてしまうと、賃金は下げられる一方でしょう。福祉サービスもカットされるはずです。ＢＩで生きるのに必要な現金を与えているではないか、というのが理屈になるはずです。そうすると、人々は貨幣の力にいっそう従属してしまうことになります。

ＭＨ　どうしてそのことは貨幣の力を強めると言えるのですか。

斎藤　福祉サービスが削減されれば、その領域が商品化され、余計に貨幣に頼る必要が出てきてしまいます。それは資本への従属につながります。

ＭＨ　なるほどね。でも、福祉サービスはすでにかなり切り詰められているのではないですか。つまり、これ以上カットする余地はないのでは？

斎藤　いや、もっと徹底的に切り詰められてしまうはずです。ＢＩを導入するとなれば、相当な額の予算が必要となります。そして、今の資本と労働者のパワーバランスを見れば、ＢＩが導入されると、そのぶん確実に他の社会保障が削られるしかない。

そうなった時、欧州などの他の国では、労働組合がその状況に対して闘うことができるかもしれません。でも、日本の状況を考えると、単に賃金がカットされただけで終わってしまうことが懸念されるのです。労働者の資本への従属もいっそう強化されるはずです。

ＭＨ　よくわかります。負けが負けを呼ぶということですね。「ＢＩを給付するから、それ以外にはいっさい給料を支払わないよ」というような交渉はご免ですよね。

あなたが懸念しているシナリオは、まさにあらゆるものの貨幣化ですよね。それがほとんど何の改善にもつながらない理由はよくわかります。ただ、それは私が実現させようとするＢＩとはまったく別物です。

斎藤　それはわかります。あなたは、ＢＩが万能薬ではないと言っているわけだし、それに、〈コモン〉へのアクセスをオープンにする重要性も強調していますからね。これは脱商品化の別の表現の仕方です。

しかし、『アセンブリ』では、ＢＩだけでなく、量的緩和やヘリコプターマネーも薦めていますよね。[38] これには驚かされました。貨幣の力を資本主義に向かわせることが可能だと示唆しているわけですが……。

MH　なるほど。これは、私たちの友人でもある、スイスの経済学者クリスティア・マラッツィやギリシャのシリザ政権で財務大臣を務めたヤニス・バルファキスが提唱していることです。[39]

斎藤　バルファキスの反緊縮論は、日本でも話題になっています。

▼「人々のための量的緩和」

MH　彼らが提唱している「人々のための量的緩和」というのは、普通の量的緩和が目指すものを、論理的に反転させる意図が仕組まれたものです。

通常の量的緩和と言えば、需要を刺激し、景気を良くするためという名目で、企業に貨幣が向かう仕組みになっています。

斎藤　中央銀行が株式や国債を買い入れることで、マネタリーベースを増やして、民間金融機関の融資に回すお金を増やすわけですよね。

MH　それに対して、企業にお金を与える量的緩和ではなく、人々にお金を与えるのが彼らの提唱する「人々のための量的緩和」です。私たちは「人々のための量的緩和」を、BIを考えるための第一歩として提案したのです。

斎藤　企業にお金が回ったとしても、それが人々の手にまでトリクルダウンしてくるかは、未知数なわけだから、いっそのこと、直接人々に貨幣を回してしまおう。ヘリコプターマネーだと。

MH　ここで議論していることは、ふたつの違うレベルにまたがっています。

まず、人々に貨幣を提供するということに、私は賛成です。私たちが資本主義のもとで生きている以上、貨幣をもっているに越したことはありません。あらゆる人々が物を買う手段をもち、好きな物を消費することができるほうがいいと思います。未来の世界の原理を考えるために、質素に過ごせ、禁欲的であれと人々に命令する。そんなことは、無理筋です。

しかし、そうは言っても、量的緩和やBIが、最終目的だというわけではありません。理想の社会は別のところにあるのです。

斎藤　日本で量的緩和と言えば、アベノミクスのことです。すなわち、上からのリフレ政策であるわけですが、それがあなたの提唱する下からの社会変革モデルとどう両立するのかが気になるところです。

MH　これは出発点に過ぎません。どんな形の変革なら、本当に可能なのかを考えるにいたるまでには、まだいくつものステップを踏まなくてはなりませんから。

量的緩和やＢＩは、変革そのものではないのです。とはいえ、みんなに貨幣を提供しない理由はないでしょう。

斎藤　脱商品化を進めるには、〈コモン〉の民主的なマネジメントも実現させていかなければならないので、それはすぐには実現しないプロジェクトです。

それに比べると、ＢＩに頼るのはお手軽な解決策なのではないでしょうか。人々に貨幣を提供するのであれば、マネジメントの問題を市場に丸投げできるので、〈コモン〉をどう管理するかという問題を真剣に考えなくて済むわけですから。

MH　そういう側面はあると思います。楽観主義であるだけではなく悲観主義であることも重要だ、とおっしゃることの意味も納得できましたよ。

斎藤　同じく私も、あなたの楽観主義に納得がいきました。さらに、あなたのＢＩについての見解を聞いて、カール・ポランニーの議論を思い出しました。

市場が社会的共同性のうちへと埋め込まれると、市場の資本主義的な性格が弱められていくというポランニーの主張にならえば、商品と貨幣の機能も、社会的共同性が強く働けば、非資本主義的な性格を帯びていくと考えられます。[40]

マルクスは資本主義的貨幣を批判し、その廃棄を求めているので、私はその考えに基づいてＢＩを批判的に見ていましたが、今日あなたと話していて、『アセンブリ』で言われている民主主義的な「〈コモン〉としての貨幣」――「コミュニズム的貨幣」とでも呼ぶべきでしょうか――という発想は非常に興味深いものだということがわかりました。

あなたがＢＩ万能論ではなく、現在の資本主義的貨幣というテクノロジーに力を付与している社会的関係そのものを大きく変えていく必要があるという点を強調されているのも重要ですね。そのなかで、変革のためのツールとしてＢＩが機能する可能性について、私も考え直すきっかけをもらったと思います。

▼新しい民主主義の可能性――ポピュリズムからミュニシパリズムへ

斎藤　最後に、もう一度、社会運動における戦術と戦略について具体的に議論したいと思います。

あなたが提唱するのは、党が指導する、前衛党タイプの運動ではない。かといって組織をもたないフラットで水平的な連帯という策略でもない、新しい社会運動です。
一般にその希望としてしばしばイメージされるのが、スペインの左派政党ポデモスです。しかし、ネグリはポデモスの動向に懸念を表明していましたね。ポデモスを生み出し、支えてきた社会運動から、ポデモスが距離を取り始めたようだ、という懸念です。[41]

MH　私の理解では、ポデモスの動きには、ふたつの傾向があります。ひとつは、社会運動に力を与えるような新しいタイプの統治構造を編み出そうとする傾向です。それは歓迎したい。

ところが反対に、社会運動を切り離して、政党自身が決定を行う仕組みになっていくという傾向が出てきました。この第二の傾向、つまり党の指導層を社会運動から自立化させるというポデモスのメカニズムが、「ポピュリズム」に結びついていると私は考えています。

斎藤　社会運動に根付かない政党の選挙のための人気集めは、ポデモスのような左派がやったとしても、本質的には、トランプやボリス・ジョンソンの右派ポピュリズムと変わらないですものね。実際、ポデモスも、最近では一部の幹部の決定で政策の方針転換をはかり、そのことが党首パブロ・イグレシアス以外の中心メンバーや社会運動の追放・離反を生んでいます。

ポデモスの陥っているポピュリズムの誤りを避けて、社会運動に力を与えるような政治的統治は、どうやって可能になるのでしょうか。

MH　この点を考えるうえで参考になるのは、バルセロナの左派市政と社会運動の関係性です。
リーダーが存在する、という意味では、バルセロナ市長、アダ・クラウが存在するのですが、選挙の後でも、彼女は社会運動のための空間を奪うことがないよう深く配慮して、社会運動の発展を支えています。

斎藤　いわゆるミュニシパリズムですね。政治参加を国政レベルの選挙による間接民主主義よりも、都市レベルでの自治的な民主主義的参画を重視する革新自治の試みです。

クラウはもともと二〇〇八年の恐慌後にローンを支払えずに立ち退きを迫られた人々を支援する市民運動団体の設立に参加し、有名になった社会活動家ですよね。この団体を含む市民プラットフォームから立候補し、市長になりました。

ミュニシパリズムはバルセロナ以外でも広がっていて、互いの試みから学び合いながら公共サービスの再公営化や公営住宅の拡大、再生可能エネルギーといった政策を実行しています。

MH　クラウの試みの意義を説明するために、ここで哲学的な例ですが、少しジル・ドゥルーズが受けたビデオ・インタビューの話をさせてください。インタビュアーがアルファベットのAからZまでそれぞれを頭文字にもつ用語についてたずね、ドゥルーズがそれについてしゃべるという構成です。

斎藤　それは日本語版も出ているんですよ。[42]

MH　おお、それはいいですね。

ドゥルーズはGまで行った時、「gauche」（フランス語で「左派」）をもちかけられます。その時彼が言ったのは、「左派の政府というのはありえない。つまり、存在しうるのは、左派のための場所を解放している統治機構だ」ということでした。「左派の政府というのはありえない」というのは、国家に限らずそれ以外の統治構造も断固拒絶するという意味ですが、彼はそう言う他なかったでしょう。

むしろ、この発言で興味深く重要な点は、政府にできるのは、真の左派のための開かれた場所を用意することだ、というところにあります。

要するに、彼が言っていることは、私がバルセロナ市政について言及した内容と重なります。左派の政府とは、左派が所有する統治機構ではなく、いろいろな分野の社会運動や社会的勢力が、それぞれの状況に合わせて発展できるようにする統治機構なのです。

選挙を繰り返していくうちに、左派の社会運動が新しい政権や市政を実現させることもあるでしょう。しかし、その政権もいったん権力の座についたのなら、間違いなく、運動に対してこう言うのです。「いいですか、みなさん、決定は我々が行います。だから、もう社会運動をやらないで、さっさとおうちに帰ってください」と。

それではだめですよね。ところが今や、社会運動が選挙での勝利をもたらした市政や政権が実現しているし、社会運動が今まで以上に重要になっているし、統治機構が社会運動を育てようとしている。

ドゥルーズの言葉や、バルセロナ左派市政を私が高く評価するのは、こういう現実に「イエス！」と言いたいからなのです。

戦術と戦略との関係について、この話は少し違った角度で考えるヒントになります。バルセロナでも、政治的指導者という位置づけは存在したままで、市長は市長です。けれどもクラウ市長は、政治決定の多くをできる限り、議会外で、市民たちが民主主義的に意思決定に参画できるように努めています。

ただ、少なくとも私が見る限りでは、バルセロナ市政の事例は、まだ答えを出せていません。むしろ、出てくるのは、問いです。「さまざまな政治的問題についてどうすればみんなが一緒に決定を下せるようになるか？　どうやったらその決定は民主的に行えるか？」と。

「政治的にあつまって行動したり、民主的に行動したりする能力を誰もが自然に本能としてもっているのだ」という物言いをする人たちと私は違います。民主的決定を行う能力は、社会的に発展させ、政治的に組織されなければ、獲得できません。みんなでこういった能力を育て、発展させていかなければなりません。

どうすれば多くの人が一緒になって統治を行うことができるのか、ということについて、先天的に知っていたり、自然にわかったりする人はどこにもいない。ネグリと私にとって、ここが分析を始めるべき出発点です。「社会のなかにどういう場所があれば、みんなで共に民主的な決定を行うための能力を発展させていくことができるのか」を問わなくてはなりません。

それゆえ、「マルチチュードははじめから存在しない。マルチチュードはつくり出される必要がある」と私たちは言うのです。マルチチュードを政治的プロジェクトとしてつくり出していくことが課題なのです。

だからこそ、社会的協働がネグリと私にとって中心的な概念なのです。

この概念は、人々の労働生活と社会生活がどのように発展するかを考えるための枠組みであり、民主的で政治的な行動のための能力をどれくらいもっているのかを把握するのに役立ちますから。

斎藤　社会的・経済的領域における水平的な〈コモン〉の管理の経験を制度化していくことで、民主主義の領域を拡大し、より自由で、平等な社会への可能性が切り拓かれるということですね。そのためにまだまだ闘い続けないといけませんね。

第二部

マルクス・ガブリエル

（哲学者・ボン大学教授）

既存の哲学の諸問題を乗り越える「新実在論」の旗手。史上最年少で、権威あるボン大学哲学正教授に抜擢されて注目を浴び、現在、同大学国際哲学センター所長も務める。『なぜ世界は存在しないのか』は多数の言語に翻訳され各国で、哲学書としては異例のベストセラーとなり、ＮＨＫ『欲望の資本主義』シリーズなどでメディアの寵児に。

Markus Gabriel

第一章「ポスト真実」の時代を生んだ真犯人

▼哲学とグローバルな危機

斎藤　『なぜ世界は存在しないのか』[1]という衝撃的な書名の著作で始まる三部作によって、現代のもっとも著名な哲学者のひとりに数えられるようになったのが、ガブリエルさん、あなたです。

「新実在論」を掲げるあなたが哲学をどのように刷新しようとしているのか、そして、あなたの哲学がより良い社会をつくることにどう貢献できるのかについて、今日は、議論していきたいと思っています。

マルクス・ガブリエル（以下ＭＧ）　はい、楽しみにしています。

斎藤　今回の新書は、私たちの未来をどうやったら良いほうへ変えることができるのかということがテーマですので、世界の変革に哲学がどう貢献できるかをたずねることから始めさせてください。哲学は、しばしば自然科学に比べて「役に立たない」学問だと非難されたりもします。一般的なイメージでは、現実からかけ離れた「象牙の塔」に哲学者は籠もりっきりだと思われているからです。

しかし、あなたは違います。日本のテレビや新聞にもたびたび登場し、民主主義、資本主義、難民など、多岐にわたって、実に印象的で忌憚のない発言をしていますね。

ＭＧ　ええ。哲学は本来役に立つのです。

まず、哲学とは何か。それは、理由付けについての理由付けです。つまり、思考についての思考を扱うのが哲学であり、哲学とは、概念についての反省的な思考だとも言えます。

では、概念を扱う哲学がなぜ役に立つのか。私たちの社会が、概念の問題を抱えているからです。現代において、私たちが思考する際に用いている概念の多くは誤りの多い欠陥品で、あちこちに論理的な間違いがある。それは許容できるレベルのものではありません。

正しい概念をもたずして、現実の問題が何なのかを見てとることなど不可能です。概念が間違っていたら、人種差別や不平等、民主主義の危機や資本主義の暴走といった現実的な問題の解決に向けた取り組みを始めることなどできません。現代が困難な時代である理由のひとつは、ここにあります。

そうした誤りだらけの概念を哲学は問い直し、その概念の出来がなぜ悪いのかを示すだけでなく、より良い概念を提案することもできる。だからこそ、哲学は社会を変えるために不可欠なのです。

斎藤 現実の問題を解決する方策を、人々が民主的なやり方で一緒に考え、見つけるための条件として、正しい概念を準備することこそが哲学が役に立つ理由だと。

MG ええ。とはいえ、今述べたように現在、流布している概念的枠組みは、どれも欠陥だらけで、機能していません。

今何が起きているのかについて、きちんとした説明ができるようになるために、我々はまず、哲学内部の欠陥を修正し、哲学を「再起動」する必要があります。

そして、その哲学によって新たに開発された道具を用いることで、私たちは他分野の学者たちと協力できるようになるでしょう。現代の複雑な問題を解決するためには、分野横断的な協力関係を築くことが喫緊の課題なわけですが、哲学こそがその準備を行うことができます。好きか嫌いかにかかわらず、現時点では、哲学だけが、グローバルな危機の解決に向けて大きく貢献する知を生み出すことが可能なのです。

▼ポスト真実の時代を生んだのは誰だ?

斎藤 あなたの哲学が社会的・政治的状況にも応答しようとしていることがよくわかります。

私個人としては、「ポスト真実」(post-truth)と呼ばれる社会状況が、今、哲学に大きな挑戦状を突きつけているのではないかと感じています。『オックスフォード英語辞典』は、二〇一六年の「今年の言葉」として「ポスト真実」を選び、この言葉をこう定義しました。「世論の形成において、客観的な事実よりも感情や個人的な思い込みへの訴えかけのほうが影響力を発揮している状況」だと。

この定義にあるとおり、「ポスト真実」とは「客観的な事実」の危機です。それが、現代思想の生み出した概念的枠組みと深くかかわっていると思うのです。

MG 私たちの置かれている、この状況を「より多くの真実」(more truth)と呼んでもいいかもしれません。情報テクノロジーの発展に伴い、おびただしい数の「事実」が、日々、生産されていることが「ポスト真実」や「モア真実」の時代をつくり出した一因です。しかし、その「事実」の多くは、端的に言って、誤りなのです。

重要なのは、誤った信念が「実在」していると心に留めておくことです。誤った信念は私たちの生活を——通常は悪いほうに——変える力をもった「事実」なのです。

斎藤　誤った信念も力をもっている、「実在」しているというのは、「新実在論」を唱える、実にあなたらしい表現の仕方ですね。「新実在論」については、また後でじっくり伺おうと思います。

いったん話を戻しましょう。誤った事実があふれるなか、人々はそれぞれの立場での個人的な思い込みに固執するようになっています。極端な例をあげれば、日本では従軍慰安婦の存在を否定する人がいますし、ドイツにも、ホロコーストの存在を否定する歴史修正主義者がいます。

MG　しかし注意してほしいのは、それぞれ異なる、いくつもの「真実」があるわけではない、という点です。ホロコーストと従軍慰安婦は、「自明の事実」です。

「自明の事実」を否定する人たちとの対話は非生産的ですよね。「ホロコーストはあったんですか」と聞かれたら、「もちろん」と答えるしかないでしょう。「なぜ、そう言えるのですか」とただされれば、「歴史の本と生き残った犠牲者たちの証言から」と答えるしかない。果ては、歴史修正主義者はこう聞いてきます。「なぜ、犠牲者と名乗る人たちの声を信用するのですか」と。でも、なぜ、犠牲者たちを信用せずに、歴史修正主義者を信用しなくてはならないのでしょう？　ホロコーストを疑う理由があるかって？　そんなものはないですよ。ホロコーストは、太陽系の惑星の数と同じくらい客観的な事実です。

▼相対主義が民主主義の危機をつくり出す

斎藤　「自明の事実」を自明ではないかのように見せる、際限のない問いに目を奪われて、私たちは「自明の事実」に向き合うことができなくなっています。

他方で、フェイクを論駁《ろんばく》することにも疲弊しつつあります。ツイッターなどで、事実を事実として認められない人々と話し合うと、相手がまったく異なる世界に住んでいるように感じられ、対話はほとんど不可能に思えるからです。けれども、そうした議論をやめてしまえば、民主主義は弱体化してしまうというジレンマがある。

この状況で開き直るのが、「相対主義」です。つまり、正義、平等、自由というような、世界のどこでも通用する、普遍的な意義のある概念なんてものは存在しない、存在するのは、土地ごと、文化ごとのローカルな決定だけなのだという考えです。

たとえば、アメリカでトランプの支持者たちが見ている世界は、民主党支持者が見ている世界とは別物になっていますが、相対主義によれば、それでかまわないということになる。だって、トランプの支持者たちは、人種や宗教や経済的な階層などの属性が違うのだから、仕方ないじゃないか、それでいいじゃないかと。相手に「正論」をふりかざすのは暴力的ですらある、と相対主義者は言います。

こうした相対主義的な見方が蔓延したせいで、異なる文化的・社会的背景をもつ人々が、合理的な対話を行うための共通の土台を失ってしまいました。「ポスト真実」は相対主義の時代なのです。

MG ええ。事実があるところで事実を見ないという結果をもたらす相対主義は、間違っているというだけでなく、民主主義にとって非常に危険な考え方です。

斎藤 世界を覆う問題、たとえば経済格差、気候変動、難民問題など、専門家だけでは解決できないさまざまな問題を抱えている地球規模の危機の時代に、対話や協力のための共通の土台が、必要とされています。より良い解決策を探るためには、相対主義を超えた民主的な対話が不可欠です。だからこそ、客観的な事実の重要性を強調するあなたの哲学に私は関心があるのです。

▼「ニューヨーク・タイムズ」はプロパガンダ?

斎藤　実際、相対主義の影響力は相当なものです。「『ニューヨーク・タイムズ』は、純然たるプロパガンダだ」。これは、トランプの発言ではなく、驚くべきことにノーム・チョムスキーの論考のタイトルです。[2] 彼のような左派知識人までもが、メディアの伝えることは事実ではなく、支配階級に有利なように、何らかの操作が行われているのではないかと疑っています。

MG　「ニューヨーク・タイムズ」はプロパガンダだと、もし彼が本当に考えているのならば、本人にそのことを証明させましょうよ。かの有名なチョムスキーの意見だというだけでは、何の意味もありません。重要なのは、理由であり、証拠です。

そもそもチョムスキーの議論は自家撞着です。機会あるごとに、あらゆるメディア上で、あらゆるメディアがプロパガンダだと彼は言っています。もしすべてがプロパガンダだと思うのなら、なぜそのプロパガンダに参加するのでしょうか。これが自家撞着であることは、すぐにわかりますよね。

斎藤　チョムスキーは、自分が批判していることをみずからやっている、ということですか。自分が批判しているゲームの盤上で駒を動かしているだけだと。

MG　もし彼が自説を信じているのなら、マサチューセッツ工科大学の著名で、金持ちの教授としてニュース・メディアに出ている場合じゃない。ゲリラの革命家になるべきです。

斎藤　チョムスキー以外の人々のあいだでも、客観的事実の軽視が支配的となっています。9・11やシリアの戦争についてなど、さまざまな陰謀論がありましたが、皮肉なことに、証拠のソースをたどると、ロシア発のプロパガンダだったりする。

MG　まさにそうなんです。映画「マトリックス」で、「この世界はマトリックス（コンピュータがつくり出した仮想世界）なんだよ」と主人公ネオに伝えるシーンがありましたね。

斎藤　モーフィアスがネオに「現実の世界を変えるために目覚めよ」と言う場面ですね。

MG　「現実の世界を変えるために目覚めよ」と言うのは、いい。けれど、もし、すべてがマトリックスなんだと喧伝するためにマトリックスを使って、具体的な行動を起こすように呼びかけるなら、自家撞着です。

斎藤　モーフィアスやネオがマトリックスをハイジャックして、そのシステムを用いて人々に世界が仮想現実で、カプセルのなかで生きていると伝えても意味がないわけですよね。「ニューヨーク・タイムズ」やテレビに出て、メディアはプロパガンダだと非難するチョムスキーは、それと同じだというわけですね。

MG　ええ。実際、「ニューヨーク・タイムズ」が報道していることは、「自明の事実」です。ところが、チョムスキーはその報道をプロパガンダであると主張している。つまり、自明なことを自明ではないものとして、彼は扱っている。要は、懐疑主義者なんですよ。

懐疑主義者は、自分が本当にふたつの手をもっているかどうかまで疑います。人間がふたつ手をもっていることについての形而上学的な問題ということもあるでしょう。たとえば、現実というものが、究極的には量子力学の次元でしか存在しないという考え方もありえます。とはいえ、それだって、手が存在しないということを意味するものではありません。「ニューヨーク・タイムズ」はプロパガンダの道具だと主張するなら、そのプロパガンダが誰の、何のためのものなのか、そしてどうやってチョムスキー自身がそのことを知ったのかをきちんと明らかにすべきなのです。そこを飛ばして、プロパガンダだと言い張るのなら、「両手をもっている」という「自明の事実」を否定するのと大差ありません。

斎藤　相対主義に陥らない社会批判の仕方というものにはどういった方法があるのでしょ

うか。

MG　端的に言えば、「自明なものの政治」が必要です。それは、つまりエビデンス（証拠）に価値を置く政治です。エビデンスと言えば、エビデンスベースな医療（科学的根拠に基づく医療）が重要だと言ったりしますよね。だったら、エビデンスに基づく政治を求めたっていい。自明性の政治を求めるべきなのです。

▼ヘイトスピーチと言論の自由

斎藤　たしかに、現実の政治や言論の空間を見ると、事実に基づかないやり取りが山ほどあります。たとえば、ＳＮＳはヘイトスピーチばかりがあふれていて、事実を無視する世界をつくり出しています。

とくに日本ではヘイトスピーチに対する罰則がないために、野放し状態になっています。フェイクや偏見に基づいたヘイトを行っても、曖昧な謝罪で撤回し、それでおしまいというのが繰り返されています。

MG　フェイスブックやツイッターなどのＳＮＳは情報の喫煙とも言えるもので、多くの害、知的な害をもたらしています。ウィキペディアも喫煙に似ています。「ウィキペディアにはあらゆる情報があって、素晴らしいじゃないか」と思うかもしれませんが、本当の情報は得られません。生煮えの情報しか得られないのです。

これまでにタバコや有鉛ガソリンを民主主義的な方法で規制してきたように、次はソーシャルメディアを規制する番です。情報共有と対話のためのプラットフォームとしてSNSは重要ですが、現状のインターネット空間は、目指すべき形からかけ離れているので、根本的な規制が必要です。

たとえば道路交通に、現在は徹底したルールが敷かれていますが、ルールが導入される前の時代には、人々は車を好き勝手に運転していました。ところが車が増えて人身事故が多発したために、「交通ルールが必要だ」という声があがったのです。

一方、インターネットは危険な情報の高速道路のようなもので、しかも非デジタルな現実と複雑に重なり合っています。道路に交通規制があるように、当然、インターネットにも規制が必要なんです。

斎藤　具体的には、どういった規制を想定していますか。

MG　まず、ウィキペディアのピアレビューが不可欠ですね。ピアレビューを増やすには専門家の力が必要です。フェイスブックやツイッターについては、プロのジャーナリストが役員会に入るまで、閉鎖すべきでしょう。
カリフォルニアの技術オタクたちだけにSNSを運営させていてはだめなのです。フェイスブックやツイッターをすみずみまで管理することは技術的には可能なのに、やろうとしないのですから。

斎藤　とはいえ、そういう規制に対して、「言論の自由」を盾にして反対する人々もいますよね。

MG　アメリカ版の言論の自由には、問題があります。言論の自由にも、厳しい制限があってしかるべきなのです。SNSで暴力的な言葉で人を誹謗中傷するのは、人種差別はもちろん、相手が政治家のような公人であっても、違法であるべきです。
暴力的な言葉を投げつけるのは、相手の顔を殴るようなもので、どちらも同じ暴力です。非身体的な暴力が、身体的暴力よりもひどいことがある。現代社会において、精神的暴力はもはや許容されてはならないのです。
したがって、トランプの発言の多くは、許されるべきものではありません。中米やアフリカを「肥溜《こえだ》め」と呼んだことは暴力行為ですし、違法であるべきです。

斎藤　罰則をもつような法的規制があってこそ、言論の自由が成り立つというわけですね。

MG　ええ、多くの規制が必要です。今のような野放しの状態は言論の自由と呼べるものではないのですから。

たとえば、ドイツでは、ホロコーストを否定する表現は違法です。それは重要なことだし、そういう表現の規制に私は反対しません。アメリカでは進化論を否定する創造説を信じる人々が大勢いますが、進化論の否定や創造説の支持も違法であるべきです。

▼普遍的価値は存在するのか

斎藤　歴史修正主義と相対主義の関係に話を戻しましょう。

歴史修正主義者たちが過大に重要視するのが、戦前の日本にもドイツにも、それぞれ固有の文化、社会的な条件、価値の基準が存在したという点です。そうした固有の条件に基づいて考えれば、当時の帝国主義的な政策を正当化してかまわないのだというのが、歴史修正主義者たちの考え方ですね。従軍慰安婦の存在は当時の状況下において正当化できると彼らは言うわけです。

人権や民主主義など、私たちが自明だと考える価値が、時代や場所が異なる状況下においては、妥当性を失うという相対主義者の主張は正当化されるべきでしょうか。

MG　もちろん、正当化などできません！
　相対主義者は、こう言うのです。「普遍的価値なんか本当は存在しない。普遍的価値を信じている人は、他の集団を支配したいだけなんだ」と。あるいは、ホワイトハウスをめぐる政治ドラマ「ハウス・オブ・カード」の大統領役フランク・アンダーウッドの「正義などない。あるのは征服だけだ」というセリフも相対主義者は好きでしょうね。

斎藤　日本でも歴史修正主義者たちが、人権や民主主義は西欧の価値の押しつけだと主張しています。国会議員が公の場で、基本的人権を憲法から取り除かなくてはならないと演説したりするのです。[3]

MG　そういう人たちは人権や民主主義が西洋から輸入されたものだと考えているのでしょう。しかし、人権の概念は西洋だけの局所的なものではなく、古代中国やインドの哲学においても同様の概念を見つけることができるのです。
　人権とは、人間とは何かという概念の自己規定から導き出される普遍的な価値であり、それは文化的・時代的な価値観によって左右されるものではありません。多様な真理が存在するのではない。ユダヤ教・キリスト教的な西洋の価値とは異なる、ロシアや中国の価値があるわけではないのです。

要するに「ポスト真実」などという、真実がいくつも存在するという相対主義の見方は、事実に直面するのを避けるための言い訳に過ぎません。

斎藤　相対主義は、本当にシニカルですよね。相対主義に従えば、他者と互いに理解し合うことなどはできない、それぞれ、分断された世界に住んでいるのだということになる。相対主義者は、「他者性」（文化・価値観の違い、よその伝統など）をつくり上げることによって、自分が見たいものだけを見ています。

▼ポストモダンの言語を操るプーチン

MG　他者性を利用した相対主義的戦略を駆使しているのが、ロシアのプーチンです。「私たちロシアは、西側とは大きく異なった文化や社会をもっているのです」というようなことを、プーチンは言いますよね。彼は、ポストモダンの言語を操るのがうまい。

オリバー・ストーン制作の「プーチンとの対話」（The Putin Interviews）という番組がありました。アメリカのＨＢＯでの放送用に、ストーンは六時間ものインタビューを敢行しましたが、そのなかで、プーチンは完璧な男性を演じます。ホッケーがうまくて、お洒落で、きれいな宮殿に住んでいる、好感度最高の人物として振る舞っていたのです。

そしてストーンは、「西側の人々は、あなたのことを正真正銘の悪党だと思っているのだけれど、本当はどうなのか」というような質問をつづけます。

それに対してプーチンは一貫して「私たちロシア人はあなたたちとは異なる価値観をもっています。しかし、私もロシア人も良き存在なのです」という姿勢を崩しません。西欧とは根本的な違いがあるロシアという国で、取材・撮影をしているストーンのほうが、他者という存在を誤ってイメージしてきたのではないですか、とほのめかし続ける。プーチン大統領は、ポストモダンの言語を熟知しているのです。

これこそ、プロパガンダです。根源的な他者性とポストモダンの歪んだ論理に基づいて、HBOはプーチンのためのプロパガンダ番組を製作したのです。

ロシアの議会は、同性愛宣伝禁止法を施行したり、家庭内暴力への刑罰を大幅に軽減する法律を通したり、普遍的な人権の観点から容認できない施策をとっています。その際も、よくある家庭内のいざこざを「ドメスティックバイオレンス」と呼ぶのは、リベラルメディアによるプロパガンダだというポストモダン的な主張をして、西側からの批判をロシアはかわし続けました。ロシアにはロシアの価値観があるというわけです。

斎藤　ロシアの非倫理的行動を正当化しうる病理的な文化理論をひねり出すために、プーチンは相対主義をうまく利用しているんですね。これは金正恩や習近平についてもまったく当てはまると思います。

▼一九六八年の病理的論理

MG　まさにそうなんです。この相対主義の問題を説明するのにぴったりの映画がありす。デヴィッド・クローネンバーグの「Mバタフライ」という作品で、こんなあらすじです。ルネ・ガリマールというフランスの外交官が——パリの有名な人文系出版社の名前と同じですが——一九六〇年代の北京に赴任したところから話は始まります。

この外交官が、ある日、芝居を見る。男性が女形を演じる演劇だと知らずに、舞台上に美しい女性がいると勘違いし、恋に落ち、じきに愛し合うようになります。しかし、文化大革命の嵐に巻き込まれ、離れ離れになってしまう。やがて、一九六八年のフランスで「彼女」と再会することができるのですが、のちにガリマールが知ることになるのが、「彼女」は実は毛沢東主義者の諜報員で、しかも男性だということです。

諜報員は、難しい局面もうまく切り抜けたんですよ、こんなことを言いながらね。「私たちがセックスできるのは、暗闇のなかでだけです。あなたは私の体を見ることができません。これが中国の文化です。慎み深い文化なんです」。
諜報員はでたらめな中国文化の話でガリマールをごまかし、いかに中国がフランスとは違うかを強調し、一方、ガリマールのほうはそれをすっかり信じ込み、その他者性に恋をします。つまり、他者としての中国はこうあってほしいという、自分の願望でしかない考えをこの一連の出来事に投影したのです。こうして毛沢東主義者たちは、外交官の無知と幻想と鈍感さを利用し、フランスの機密情報を手に入れることに成功しました。
この外交官は中国についての初歩的な知識もなく、そのせいで事実関係を完全に見誤り、中国人を自分たちとは全然違う他者としてみなします。そして中国人のほうは、フランスを弱体化させるために、この他者というファンタジーを利用するのです。

斎藤　しかも、この映画は実際にあった、時佩孚《じはいふ》というスパイによる機密情報漏洩事件をもとにしたストーリーなんですね。

MG　ええ、そうなんです。
この映画には一九六八年のパリの五月革命のシーンも出てきますが、映画を貫くテーマが、まさに一九六八年なのです。六八年のポストモダンの論理、つまり相対主義がこの映画のなかで、完全に脱構築されているのです。

斎藤　五月革命の前後に、フランスでポストモダン思想が広がっていくわけですが、それが事実を軽んじる相対主義をもたらしたことを皮肉っているわけですね。

MG　そう考えると、これは、実に素晴らしい映画です。

ここで私が強調したいポイントは、現実に存在している他者性（中国の文化）について誤解していると、克服したいと願っていた他者性を予期しない形で呼び込んでしまうということです。間違った事実に態度を合わせたせいで、最終的には、道徳的に歪んだ態度を生み出してしまう（外交官であるにもかかわらず、中国人スパイを助けてしまう）のです。

第二章　「人間の終焉」と相対主義

▼人間の終焉?

ＭＧ　もう少し、他者とポストモダンの話を続けましょう。

相対主義者は普遍性を拒絶し、他者から自分たちを分離する新たな境界線を築きます。そうすると、相対主義者は、違う場所の違う文化的条件のもとで生きている人のことを、自分とは全然異なった他者としてみなすようになる。究極的には、他者のことを人間ではない存在として、考えることになるのです。

斎藤　完全なる他者性の創造は、たとえば普遍的人権を西洋近代へと限定してしまう。それによって他者を非人間化するためのきっかけを与えてしまうということですね。

MG　ええ。だからこそ、ポストモダンの相対主義は常に「人間の終焉」という幻想に基づいているのです。フーコーの『言葉と物』の最後の部分、デリダの「人間の終わり」についての哲学講義、もちろん、ニーチェの「超人」、ヒューマニズムに関するハイデガーの考え。[4]これらは、すべて他者を非人間化するものです。

さらに現代において、人間の条件を超えていこうとする傾向がアメリカにおいてピークに達しています。アメリカで発達するＡＩなどの情報テクノロジーが、非人間化を推進する助けになっているのです。

これは良い傾向ではありません。というのも、倫理的な価値・政治的な価値の唯一の源泉は、人間という生の形式だからです。

もちろん、私たちは動物でしかないし、この惑星の一部にすぎません。しかし、価値という問題は、私たちが人間であるということに結びついています。もし情報テクノロジーが人間の条件を攻撃するなら、私たちが「人権」と呼ぶ普遍的価値の唯一の基盤が切り崩されてしまうのです。

斎藤　相手を非人間化すれば、相手に対して、差別や排除など攻撃的な態度を簡単にとることができますね。気にしなくてよくなる。

MG　そうです。ただちに暴力を正当化できてしまいます。もし他者が私とまったく違うなら、相手は鳥や豚のようなものです。人間と豚はまったく違うというふうに人々は考えますよね。私たちはどちらも動物ですが、豚は単なる豚です。そんなふうに、非人間化のプロセスは働いてしまうのです。

斎藤　非人間化が行きつくところまで行ったのが、ナチスの強制収容所でしょうか。

そして、現代の非人間化の典型と言えば、パレスチナのガザ地区です。イスラエルがパレスチナ人に対して行っているのは、根源的な他者の創造です。ガザ地区の人々を、完全なる他者だと見ているから、あそこまで非人間的な生活を強いることができるのでしょう。しかも、イスラエルはパレスチナ支配を正当化するために、ユダヤ人が経験してきた歴史の特殊性を用いるわけです。真の苦しみを知っているのは自分たちだけだと言わんばかりに、パレスチナ人の苦しみを否定するのは相対主義とも言えますね。

MG　いかなる理由であれ、普遍的価値は否定されてはなりません。

▼政治、嘘、恐怖

斎藤　ここまでは、主に相対主義による「客観的事実の危機」と「他者の非人間化」というふたつのテーマを議論してきました。このふたつの事柄について話をしていて思い浮かぶのは、全体主義と嘘の密接な関係性を指摘している、ハンナ・アーレントです。彼女は『全体主義の起源』のなかで、こう記しています。

全体主義の運動は、現実そのものよりも人間の心が必要とするものに適した、一貫性のある嘘の世界を召喚する。その嘘の世界において、根無し草である大衆は、多大な想像力によって、現実の生活や現実の経験が人間と人間の期待に与える、終わりのない衝撃を免れ、自分の家にいるかのようにくつろぐことができるのである。[5]

このアーレントの言葉によれば、人々の心が求める心地よい嘘は、現実を架空の世界に置き換えてしまうパワーをもっています。嘘は不都合な事実を隠すだけではないのです。

嘘は、客観的事実だけでなく、道徳や人権への意識も弱体化させます。嘘が公共圏に広がると、民主主義の条件は破壊され、全体主義の運動の台頭につながるのです。

MG　嘘というのは、事実の意図的な歪曲ですよね。社会的、政治的、経済的な現実を歪んだ形で認識させられている、嘘の犠牲になっている人々が増えています。少しずつ間違ったほうに人々を誘導する、見えない力が働いているように思えます。

斎藤　たとえば、先進国で生活をしている我々は、途上国の貧困に向き合おうとはしません。これもそうした見えない力の影響なのでしょうか。

MG　誰かがうまくいっていないがゆえに、自分たちがうまくいっているのだと、暗に私たちは気づいています。どこかの誰かの耐えがたい苦しみと、ここでの私たちの生活の質の高さとのあいだに因果関係があるはずだとね。

さて、これに対して、私たちはどうかかわるべきなのか。ひとつの方法は、飢餓に苦しんで死ぬような人々がいる状況を放置してはならないと考えることです。そう考えることは「真」です。平等が私たちの幸福の基礎になっていることは望ましいからです。

ところが、別のかかわり方もあります。自分たちに関係のないことだと、飢餓の状況を見ないようにしてしまう方法です。

飢餓について、私たちがその場で手をくだし、人を殺《あや》めたかどうか、という意味で言えば、私たち個人に責任はありません。けれども、私たちのひとりひとりが、遠くの他者の苦しみに、時に小さく、時に大きく関与しています。もしも私たち自身が、他者の苦しみの直接的な原因であり、目に見える関係があったら、その事実に私たちは耐えられない。ええ、けっして私たちは耐えきれないでしょう。

斎藤　だから目をそらすようにしている。しかも複雑な現代社会システムのなかでは、自分が他者に与えている影響は、相当に意識しないと見えなくなっています。

ＭＧ　そうです。因果関係のつながりは無数にあるのに、不可視化されています。

それでも、暗に悪いことだと気づいているのです。それにもかかわらず、——これまた暗に——私たちはより強く、より豊かにならねばならないと信じている。それが不公正なことで、私たちがその不公正を引き起こしている原因だと知っていながら、現在の秩序の維持を暗に欲している。そういう願望があるのだというのが、私の見立てです。

斎藤　現実から目をそらすために嘘が必要とされる。

ＭＧ　この秩序がまともでないとして——実際、道徳的にまともではない状況に私たちはいるわけですが——だからこそ、政治もまともであるべきではないという考え方が出てくるのです。秩序がまともなものじゃないからこそ、それに対応するためには、政治もまともであってはいけないと。こうして、人々は嘘であると実は知っていても、嘘を受け入れてしまう。

斎藤　現在の状況全体が最低だから、それに対処する政治も最低じゃないといけないというわけですね。でも、どうして人々はまともでない状況をまともな形に直そうとせずに、最低な状況で生きることを選んでしまうのでしょうか。

MG　心理学的な説明になりますが、もし政治がまともになれば、ないことにしている他者の権利を認める必要が出てくる。それに対する、暗黙の恐れがあるのです。今、否認している他者の権利を認めることは、実際、とてもコストのかかる取り組みになりますから。

たとえば、ドイツで右翼が難民を嫌い、メルケルの普遍主義的政治に反対したのは、恐れからです。つまり、メルケルの道徳的行いを許せば、自分たちがその価値を否定している人々と、自分の富を分け合わなくてはならなくなる。富を失うと恐れているのです。そういう恐れに無意識に苛まれている人たちが、「ポスト真実」に夢中になっているのです。

斎藤　恐れが、私たちが見たくない事実から我々を遠ざけ、嘘を受け入れやすくしている。恐れが相対主義の心理的基礎だというわけですね。

MG　ええ、日本で統計データや公文書の改竄《かいざん》が許容されるのも、トランプやプーチンやエルドアンといったタイプの政治リーダーが受け入れられるのも同じ恐れの構造があるからです。「もちろん、トランプはまともじゃないさ。だけどとても頼りになるんだ。無慈悲な男だからこそ、メキシコや中国をやっつけて、アメリカ人を守ってくれるのだ。」。トランプ支持者はこんなふうに考えているのだと思います。

斎藤　たしかに、経済状況が悪くなるにつれ、法令を順守しなくとも「異次元」の政策を実行できる強いリーダーを求めるようになっているのは日本も同じです。

MG　これはニーチェ主義なんです。人々は冷笑的なニーチェ主義者になっている。ニーチェこそが、ポストモダニズムを打ち立てた人物です。でも、彼がナチスのお気に入りの哲学者のひとりだったということをけっして忘れてはなりません！

　ドナルド・トランプは、ニーチェが言った「金毛獣[6]」〔みずからの存在を肯定し、「良い」という概念をつくり出すことができる「貴族的人間」の特徴としてニーチェが賞賛したもの〕です。ニーチェが現代に生きていたら、トランプを熱心に支持したでしょう。ニーチェが強力な非道徳的なリーダーを夢見たとき、トランプや金正恩のような人のことを考えていたのです。

斎藤　ああ、だから、ふたりは馬が合うというわけですね。

MG　ええ。一方、もしトルドーやマクロン、メルケルと同じ部屋にいることになれば、トランプは苛立ち始めるでしょう。トランプにすれば、トルドーたちはあまりにも道徳的すぎる。

トルドーはじめ多くの政治家たちは、実際、まともなんですよ。彼らは少なくとも問題を認識しています。世界が、地球全体を破壊しかねない非道徳的な秩序に陥っているせいで、危機が生じていることをわかっているのです。

そして、自己中心的な理由からだとしても、彼らは今すぐにでも、この問題を解決しようとしています。そうしなければ、たとえばドイツは遅かれ早かれ、気候変動による本物の文字どおりの大洪水に――北アフリカからの難民の洪水じゃなくて――に流されてしまうということをわかっているのです。

斎藤　それに対して、トランプは、これらの事実すべてを無視しています。気候変動、難民問題、深刻な経済格差を彼はまったく気にしていない。むしろ、対処しないことこそが、「アメリカ・ファースト」だと本音を隠さない。

MG　同様の問題は、トルコにもあります。「我々はシリアから自分たちを守る必要がある。だからエルドアンがいるんだ。彼は、東からの圧力に対する強力な防衛線なんだ」というようにね。あらゆるところで、同様のロジックが働いているのを見ることができます。

斎藤　日本でも、同じ状態が、長く続いているので、よくわかります。たとえば、北朝鮮の脅威があるからこそ、米軍の基地や兵器が必要だという主張ですね。しかし、その負担のあまりにも大きい部分を沖縄に押しつけています。さらに、本来であれば、東アジアの冷戦構造そのものを戦後責任を明確化しながら、解消していくべきであるにもかかわらず、憲法九条を変えるために、南北分断の継続を望み、北朝鮮や中国の脅威を煽るということが繰り返されているのです。

▼ポストモダニズムの限界——ニーチェとハイデガー

斎藤　さて、蔓延する相対主義に反対し、事実そのものを擁護するべきだ。そういう議論を立てているのが、あなたの新実在論です。

だからこそ、あなたの本が世界中でこんなに人気を博しているんじゃないでしょうか。あなたのプロジェクトは、「ポスト真実」に辟易している人にとって実に魅力的です。実際、新実在論が正しければ、懐疑主義と相対主義に陥ることを避けられます。これは、哲学の復活のための新しい試みで、私たちの日常生活における経験を擁護するものです。

MG　そのとおり。

斎藤　その際のあなたの戦略のひとつは、「ポストモダニズム」を批判することです。

もちろん、ポストモダニズムにも功績はあり、近代のダーク・サイドを指摘する役割を果たしました。近代の普遍的理念の下に隠された、欧州中心主義を暴いたわけですが、実際、奴隷貿易、先住民族の大量虐殺、天然資源の奪取といったダーク・サイドが近代にはあったのです。

これが近代化の否定的な面です。言い換えれば、こうした否定的な面は普遍主義の下に隠された問題を示しています。普遍性が暗に想定していたのは、白人で、異性愛者で、男性である人たちの価値観だったというわけです。

それゆえ、ポストモダニズムによれば、近代の普遍的理念は、本当は普遍的ではない。普遍主義的なものは、非欧州諸国を支配する欧州を正統化するためのイデオロギーにすぎないというわけです。だからこそ、普遍的真理という外見の下に隠れる権力関係や不自由・抑圧の暴露は、ポストモダン左翼の重要戦略になりました。

しかし、五月革命から五〇年経っても、私たちは解放されていません。むしろ、すべてがばらばらになった「ポスト真実」の社会で、私たちは途方にくれていて、普遍的なものなど、もうどこにも存在しないように感じられます。

ポストモダンの戦略は、すべてのものを脱構築することによって、行き過ぎてしまい、その結果、私たちは客観的な基準を喪失したかのようです。残されたのは、ある特定の時代や特定の文化によって規定される、それぞれに異なる、多様な特殊性だけ。

当初、ポストモダンは解放をもたらすように思えたのに、いったい、何が起きたのでしょうか。

MG たしかに最初は、すべてが非常に解放的に見えました。ポストモダニズムは性的解放、反人種差別、反帝国主義および学生運動とつながっていました。それは普遍主義的な運動だったのです。とくにパリの五月革命では、解放の瞬間が訪れたように見えました。

斎藤 ええ、それまでの男性・白人中心的な労働運動とは違う、新しい普遍的連帯の可能性が現れた瞬間です。

MG しかし、もっと詳しく見てみましょう。一九六八年の英雄は誰でしたか。ニーチェです。

ハーバーマスが指摘しているように、ニーチェなしには、一九六八年の運動はうまくいかなかったのです。[7]「解放が必要だ」と人々は口々に言ったけれども、しかし、この解放の理論的根拠はかなり脆弱なものでした。そもそもの理論立てに深刻な欠陥があったからです。

ニーチェは解放をもたらしてくれる思想家ではありません。むしろ、彼の哲学は保守的な思想家の最たるものじゃないですか。ニーチェは不平等を正当化し、奴隷制に賛成していたのですから。冗談でなく！

斎藤　あなたがすでに指摘したように、ナチスもニーチェを利用しましたね。

MG　ニーチェがヒトラーのお気に入りの哲学者だったのは偶然ではありませんし、ヒムラーも歴史上最悪な瞬間にニーチェを引用しています。ナチスがニーチェを利用したのは、正しい選択だったのです。

ニーチェは、はっきりと、奴隷は存在しなければならない、さもなければ、金毛獣が存在できないと、言っていました。彼自身が金毛獣になりたがっていた。

言うなれば、解放のためにニーチェを使うのは、『わが闘争』を解放の書として読んでいるようなものです。「たしかに、ヒトラーはユダヤ人を殲滅《せんめつ》しようとしたし、世界を征服して、自由を破壊しようとした。もちろん、その部分は好きじゃない。でも、この本の他の部分は、素晴らしいんだ」という具合にね。

しかし、『わが闘争』の他の部分も、素晴らしくなんかありません。素晴らしいと思われるような主張も他の部分とつながっているんですから。
同じことはニーチェにも言えます。人々は、間違った哲学的土台を持ち出してしまいました。六八年の解放運動の理論的な基礎は、ナチスと同じ知的基盤なのです。
斎藤　しかし、ニーチェはフランスのポストモダン思想家たちの土台になっていただけではありません。アドルノやホルクハイマーなどのホロコーストを経験したユダヤ系思想家たちも、ニーチェを読み、大きな影響を受けていましたよね。
MG　彼らはニーチェの思想に多くのものを上乗せしています。正しい上乗せ、正しい補完をしたと彼らは思っています。
けれど、自分の理論的基盤が、自分が否定しているものと同じなら、フロイト的な意味で、「原光景」〔過去に体験したことが、時が経ってからの神経症の原因となり、ストーリーのなかに組み込まれること。フロイトの用いる症例としては、幼児期における両親の性行為の目撃であり、狼男の例が有名〕の繰り返しでしかありません。[8]
斎藤　そうするとニーチェだけでなく、ハイデガーも当然、「原光景」ということになりますね。
MG　多くの偉大なフランスの思想家が戦後に、フランスを敵とみなしていたハイデガーに依拠したのは非常にねじ曲がったことだったと思います。ハイデガーも西洋の民主主義という理念に反対し、国家社会主義とロシアのニヒリズムを支持していました。

別の言い方をすれば、欧州の六八年の解放運動の裏側には当時は克服されていなかった、たくさんのトラウマが残っていたのです。そうしたなか、人種差別やジェンダーなどのいくつかの問題に光を当てたことで、六八年は解放の行為のように見えたわけですが、結局は、間違った哲学的枠組みのなかで、問題を克服しようとしたのです。

斎藤 求めたものは正しかった。でも、間違った理論的土台や概念的枠組みを選んでしまい、失敗したというわけですね。これは議論の冒頭であなたが哲学の役割について指摘したこととそのままつながる問題です。

MG まさにそのとおり。解放の望みは、脆弱な土台に根付いていたのです。当時、人々の願っていたことは、二〇世紀の帝国主義とファシズムを乗り越えることでした。しかし、その望みは、帝国主義やファシズムという問題そのものの枠組みのうちにとらわれたままだったのです。

斎藤 でも、ジジェクとの共著『神話・狂気・哄笑』のなかで、あなたもハイデガーの用語をしばしば使っていますし、その議論もハイデガーと親和性が高いように見えます。[9] 新実在論も、脆弱な土台に築きあげられたものではありませんか。

MG ハイデガーの用語が、その後に刊行した『なぜ世界は存在しないのか』で消えているのは、偶然ではありません。二〇〇九年から二〇一三年にかけて、ハイデガーのひどさを私は理解し始めたのです。そのひどさに完全に気づいたのは『なぜ世界は存在しないのか』を書いた後ですが。

斎藤 ドイツ観念論の用語も後退しているのであまり意識していませんでしたが、それは興味深い。どういった点があなたの見方を変えたのですか。

MG ハイデガーとナチの国家社会主義の関係について、以前はじっくりと考えていませんでした。もちろん、誰もが知っている有名なスキャンダルです。でも、その頃は、ハーバーマスみたいに、ハイデガーにまだ、シンパシーを感じていたのです。[10]

ところが、その後、ハイデガーのやっていることが、間接的でなくむしろ直接的な、ナチの正当化だということがわかってきました。そして、『黒ノート』[11]〔ハイデガーの反ユダヤ主義的主張がその哲学との関連で記されているとされる思索ノート。一部が二〇一四年に刊行〕を読んだことで、ハイデガーが完全なナチであることがはっきりしたのです。

彼は、ユダヤ人が人種主義と現代テクノロジーを発明したのだから、ホロコーストは自業自得だとさえ主張しています。ハイデガーは解放のためには、悪い哲学的土台でしかありません。帝国主義とファシズムに対抗する時に、ハイデガーはパートナーたりえないのです。

しかし、パリでは、とくに当時は、マルクスとニーチェとハイデガーと、もっとひどいカール・シュミットを合体させて論じていました。今でも、シャンタル・ムフのような左派は、シュミットの思想が使えると考えています。[12] シュミットは、国家社会主義者の法的基礎であり、法学者ですよ。どうやって、左派の味方になりえるんですか。

第三章　新実在論で民主主義を取り戻す

▼社会構築主義の問題点

斎藤　この章では、いよいよガブリエルさんの新実在論についての議論をさせてください。ただ、その前にあなたが問題視している、ポストモダニズムのもうひとつの特徴である「社会構築主義」についても触れておくと、見通しがよくなるのではないかと思います。

社会構築主義を大雑把にまとめれば、すべてのものは、社会的に構成されたものであるという主張です。人種、ジェンダー、エスニシティの歴史性と社会性を開示するこの戦略は、社会変革の可能性を切り拓きました。

とはいえ、このタイプの思考は、先ほどから問題視している相対主義にも共通の特徴です。特定の社会的、文化的および歴史的状況によって、すべてが異なるというのですから。

MG 社会構築主義には多くの問題があります。構築というのが、ビルを建てるというような文字どおりの構築を意味しているのなら、人間がつくった社会も構築されたものです。社会はテーブルのように人工物です。心理的な実体というより、テーブルに近い存在だと言っていい。

しかし、カリフォルニア大学バークレー校の著名な社会構築主義者であるジョン・サールとジュディス・バトラーは――バークレーという街の名前は〔物体の実在性を否定した〕哲学者ジョージ・バークリーからとられたということを考えるとぴったりなわけですが――社会的事実を人間がつくり出した幻覚のように捉えています。サールは二〇ドル札の価値について人々が幻覚を見ていると言い、バトラーはジェンダーだけでなく、性（セックス）についても幻覚を見ていると考えています。

斎藤 すべては人々の社会的行為が生み出す幻覚だと。

MG もちろん、それは間違っていますけどね。社会的なものの論理は、幻覚ではありません。彼らは、すべてのものは、指をパチッとならすだけで、吹き飛ばすことができる幻覚だと信じています。でも、そんなわけがありません。

社会構築主義者は、社会的なものの抵抗について誤解しています。社会的なものはすべて実在的なものですが、実在的なものは何であれ、理論化に抵抗するのです。

斎藤　実際、私たちは日々生活しているなかで、いろいろなことが思いどおりにならずに、悩んだりするわけですが、それこそがいろいろなものが実在していることの証であり、その実在的なものの抵抗力は理論によって解釈したところで、なくなりません。

「哲学者たちは世界をたださまざまに解釈してきただけである。肝心なのはそれを変えることである」[13]というマルクスの有名なテーゼはまさにそのことを指摘したものです。

MG　そう、理論上の些細な変更やポストコロニアリズムの世間話のような論文で、インドの状況が改善すると思うなら、大間違いです。インドの状況は、ポストコロニアリズムについてのちょっとしたおしゃべりでは良くなりません。概念の間違いそのものを問い直すならば、社会の矛盾を解きほぐす力にはなりますが。

斎藤　ジジェクが、資本主義や帝国主義の問題を、単なる多文化や寛容をめぐる解釈の問題に矮小化してしまうポストコロニアリズムの傾向を厳しく批判していますよね。[14]

ただ、社会構築主義者たちがこう言います。社会的に構築されたものだからこそ、社会的な行動を変更することによって私たちは変えることができる。逆に、自然は、変更することはできないのだが、と。

MG 「何かが自然的であれば、それは必然である」と考えているのが、第一の誤りです。これはシンプルな間違いです。

自然科学の領域におけるもので、必然的なものは何もありません。生物の進化が長期にわたってゆっくり起きるように、自然に属するものは長期にわたって安定していますが、必然的ではありません。それゆえ、自然を必然性と連想づけることがすでに問題含みです。

さらに、社会的なものを偶然性や歴史性と連想づけるのも問題含みです。というのは、歴史においても長期的な過程というのが存在するからです。エジプト文明は社会的構築物ですが、長期にわたって安定しており、なかなか変化しません。社会的なものが、自然的なものよりも変化しやすいわけではないのです。

こうしたタイプの自然・社会の区別、ならびにそれに関連した偶然性・必然性の様相は事実に合っていないのです。

▼事実を取り戻すための新実在論

MG　今の話で、反実在論が実に問題含みであることがわかってもらえたのではないでしょうか。とくに相対主義と社会構築主義は、事実のあるところに事実を見ないという帰結をもたらします。

あなたが事実を見なければ、目の前の問題に対して自分がどんな態度をとるのかを決められない。つまり態度の調整が不可能になります。社会構築主義は、人々から現実を見る力と問題に対応する力をそいでしまうのです。

社会構築主義によって人々が現実に対して目を閉ざせば、危機は深まるばかりです。あなたが現実を見ないなら、敵はゲームに簡単に勝ってしまう。その敵が差別主義者であろうが、共和党員であろうが、敵が勝つのは容易《たやす》い。だって、社会構築主義者には敵が見えていないのに、敵のほうは目を光らせてあなたを見張っているのですから。

斎藤　つまり、ポストモダニズムが「ポスト真実」の世界を助長している。その意味で、トランプをポストモダンの副産物と言ってもいいのでしょうか。

MG　そうです。この種のポストモダニズムは、敵を助けてしまっています。もちろん、それは小さな原因であって、危機の根本的な原因ではありません。でも、トランプを助けてしまっているという意味では、貢献には違いありません。

斎藤　それに対して、あなたは「新実在論」を現在の相対主義的状況の治療法として提唱しています。ぜひ、その話をしてください。

MG　実在論が何であるか、という話から始めましょう。実在論とは存在するものの承認です。それは事実を否定しないという立場です。実在論者とは、事実を受け入れ、その言葉のもっとも一般的な意味で、そこにあるものに態度を喜んで合わせる、という立場なのです。

だから、実在論者の基本的な態度は、次のように定式化できます。

「ものが存在するそのままのあり方に、あなたの態度を合わせよ。」

ある事柄に対して、「事実そのものに態度を合わせるべきだ」と考えるなら、あなたは実在論者です。

人生においては、事実に態度を合わせるのが難しい場合もあります。癌を患っていると判明した時に、新しい生活条件に適応するのは大変ですよね。それでも癌に罹患した事実を認め、どの病院にするのか、手術を受けるか、抗癌剤治療をするのかといった問題を考えなくてはならない。そのように問題に取り組むなら、あなたはこの件に関して実在論者です。

斎藤　では、あなたの「新しい」実在論は、これまでの実在論とどのように違うのですか。あなたは、どんな点をアップデートしたのでしょうか。

MG　古いほうの実在論は、人間の認識能力、精神、意識から現実の独立性を保証しようとしていますが、新実在論はその保証だけを目指す議論ではありません。

新実在論は、「事実」と「事実についての私たちの知識」の新しい捉え方を提唱しています。事実は「そこに」(out there)あるのではなく、「ここにも」(in here)あるのです。つまり、主体／客体、心／世界、社会／自然といった区別そのものに、欠陥があると新実在論は考えます。

斎藤　人間の意識から独立したものだけが存在していると考える、かつての実在論によって立てば、人間なしには成立しない人権や道徳は実在しないということになってしまう。でも、それでは、日常の経験を十分に擁護できませんね。

MG　ええ、そのとおりです。対照的に、新実在論は、次のような考えから始まります。「本当に存在する、あらゆるものに対して、私たちが自分の態度を合わせたらどうなるか？　バナナや銀河系といった類の存在物に対してだけ実在論的な態度を限定せずに、道徳や民主主義や『ファウスト』など、すべてのものに対して実在論的な態度を一般化したらどうなるだろうか？」

基本的に、新実在論者はあらゆることについて実在論的でありたいのです。そうすると、次の問いはこうなります。

「我々が実在論的でありたい〈すべて〉などというものが、存在するのか？　我々は、そういう実在論的態度を一般化し、統一できるのか？　実在論的態度をとるべき、あるひとつの全体的な対象や領域が存在すると、実在論者は考えるべきなのか？」

私の答えはノーです。我々は全体を統合することはできません。なぜなら、そのような領域や対象は存在しないからです。

▼なぜ世界は存在しないのか

斎藤　それが「世界は存在しない」という、あなたの有名な挑発的主張の意味するものですね。ここで言う「世界」とは、全領域を包含する領域という定義です。

ＭＧ　そうです。私の主張は、とても単純な思考実験で、説明することができます。

宇宙は膨張していると、みんなが言っています。それはそのとおり。しかし、宇宙が膨張しているなら、宇宙が膨張している、その空間とは何でしょう？

風船をふくらませている場合、風船がふくらんでゆく空間があります。風船をふくらませる空間がないのに、風船をふくらませることはできません。

この風船と同じように、もし宇宙が時間も空間もすべて含む存在で、宇宙がふくらむ空間がないのならば、宇宙は膨張できませんよね。この直観が正しいのなら、当然、次のような疑問がわいてきます。「膨張している宇宙の、その外側にあるのは何だろうか？」と。

斎藤　宇宙が膨張するために、さらなる空間が存在する。

ＭＧ　ええ、「マルチバース」（複数宇宙）ですね。その場合、次に知りたくなるのは、「マルチバースはどこにあるのか？　マルチバースの外側に空間があるのではないか？」ということです。しかし、その空間のある空間とは、何なのか。ひとつ次元が上がったけれど、この次元も、さらに大きな次元のうちに埋め込まれている。結局、同じ質問が無限に続くのです。

したがって、すべてを包括する全体性としての「世界」は存在しないのです。

自然科学は、宇宙と世界を同一視していますが、それは根本的に間違っています。自然科学は世界の存在という問題を解決しません。

なぜなら、自然科学が扱うことができるのは、限られた範囲の対象だけだからです。正義、美、数式の本質などについて、自然科学からは何も重要なことを導き出せません。自然科学は、非物質的な永遠的対象を研究しないのです。

ただ、それだからといって、非物質的な対象が存在しないわけではありません。私たちが態度を合わせることができる、さまざまな状況が存在しています。たとえば、能を観る時、私は演者の舞や謡に自分の態度を合わせます。あなたが物理学者なら、あなたはクォークやグルーオンに態度を合わせる。政治家なら有権者から陳情や政敵との闘いに態度を合わせます。

しかし、「世界」に態度を合わせることはできず、それゆえ世界は存在しないのです。

斎藤　ここでの重要なポイントは、世界は存在しないけれど、それ以外のあらゆるものは存在するということですよね。そして、何から何まで疑う懐疑論者とは違って、私たちは事実を知ることができるし、すでに多くの事実を知っている、と新実在論では考える。

MG　私たちはあらゆる事実を知ることができるし、現実の把握を困難にするような障壁が、私たちと現実のあいだに存在するわけではない。それが、懐疑論と徹底的に対峙していくと理解できるようになることです。

新実在論では、こう考えます。ものごとが実際にどのようなものであるかを、通常の手段で正確に知ることができるのだと。ここで言う通常の手段とは、私たちの知覚や科学の手法などを指します。読書や映画鑑賞という手段でものごとを知るという意味も含んでいます。

▼意味の場と存在

MG　簡単にまとめれば、私は、「新実在論」を二重のテーゼとして定義しています。

ひとつめは、私たちは事物を事物そのものがあるままに知ることができる、ということ。

ふたつめは、私たちが知ることのできる多くの実在的なモノがすべて単一の領域（世界）に属しているわけではないというテーゼ。これがポストモダニズムの克服に向けた私の貢献です。

斎藤　つまり、あらゆる領域を包括する世界は存在しないものの、物理学、文学、料理、ギター演奏などの日々の生活のなかで私たちの態度を合わせることができる領域がたくさんあるというわけですね。あなたは、そうした領域を「意味の場」と呼んでいます。

MG　はい。存在するということは、「意味の場」において現れることです。

現実は、限りなく多い「意味の場」から成り立っていて、「意味の場」のいくつかは、網の目のように互いに重なり合っています。それぞれの「意味の場」には、規則があって、その規則に従うと、一定の命題が真か偽かを私たちは判断することができます。これが、現実についての客観的事実を確立する方法です。

したがって、新実在論は「世界」の存在を否定するものですが、同時に、客観的事実と普遍的原理を擁護するプロジェクトなのです。

斎藤　あなたは、本のなかでもうひとつ挑発的な主張をしていますね。ユニコーンは存在するんだ、と。

しかし――普通のリアクションをすれば――ユニコーンは実在しませんよね。想像上のものですから、ユニコーンに態度を合わせることなんか、できません。つまり、実在論に従えば、存在しないことになりませんか。

MG　ユニコーンは実在しますよ！　映画「ザ・ラスト・ユニコーン」を観ている時を考えてみればいいのです。あるいは、ドラゴンや怪物が出てくる、漫画やアニメを観ているとしたら……。映画の物語を解釈する時に、あなたは何に対して、態度を合わせていますか。

斎藤　映画で観るユニコーンは、ユニコーンにうまくなりすましたポニーかロバか、あるいはCGです。だから、私が態度を合わせることのできるユニコーンは存在しません。

MG　そうした考え方もひとつの選択肢ですが、物語の解釈として稚拙であるという意味で正しくありません。映画を解釈するには、ユニコーンに態度を合わせる必要があるのです。

映画の物語に従えば、目の前の動物はユニコーンであり、ユニコーンを装ったポニーではありません。このことは、ユニコーンにあなたが態度を合わせていることを意味します。そうしないなら、あなたは映画を理解できません。

もちろん、映画や漫画の外では、ユニコーンや漫画の登場人物に態度を合わせる必要はありません。なぜなら作品の外部では、そんなものは存在しないからです。ユニコーンは映画や物語という「意味の場」では存在しますが、現実の東京には存在しません。漫画の登場人物が東京にいるとしても、それは漫画のなかの東京に存在しているだけで、現実の東京には存在しません。

けれども、映画を観たり、漫画を読んだり、夢を見たり、あるいはファンタジーに浸るという状況が存在し、そういう場合には、ユニコーンや漫画の登場人物にあなたはみずからの態度を合わせているのです。
斎藤　触れることも、乗ることもできないユニコーンだけれど、そのユニコーンに態度を合わせているという意味では、それは実在論的な態度だと言えるのですね。このロジックを人権や道徳にあてはめれば、人権や道徳も存在していることになる。
MG　そうです。ユニコーンや人権についての信念が存在し、それゆえ、態度調整が存在します。そうであれば、先ほど説明した存在の定義、つまり態度を調整できるすべてが存在するという定義によって、ユニコーンだけでなく、人権も存在することになります。これは、全体性としての現実を手放した結果です。全体性という意味での「世界」は存在しないけれど、「世界」を除いた、他のすべてのものは、存在するのです。
　実在的なものはカラフルな束です。2＋2は現実に4です。ドイツは現実の連邦首相を伴った現実の連邦国です。人間の尊厳は現実にあらゆる人間に属していますし、それを侵害することは害悪です。銀河やボース粒子、手も悪夢も現実に存在するものです。

▼厳然たる事実

斎藤　しかし、それは「ポスト真実」の状況に近いように聞こえます。世界を除いてすべてが存在し、「意味の場」のあいだにヒエラルキーは存在しないと主張しているかのようです。そうすると、ホロコーストを否定する歴史修正主義者たちの見解が、他の見解と同じくらい、ある意味では真実であると言えてしまう。

MG　「すべてが存在するということ」＝「すべてが真実であること」、「存在するものは理にかなっている」ではありません。それは単に間違っています。このふたつのあいだにつながりはありません。

お気づきのように、私が書いていることのある部分は、罠のようなもので、このような反応を引き起こすことを狙ったものです。しかし、私は、存在するものすべてが、真実だとは限らないと、はっきり書いています。

斎藤　なるほど。つまり、歴史修正主義者の頭のなかには、誤った信念が存在する、というのは事実だけれども、だからといってそれが真であるわけではない。新実在論は、無数の「意味の場」を土台にしているけれども、無数の真実を認めているわけではない。

MG　そのとおり。

斎藤　無数の真実を認めないけれども、真理か否かは、あるパースペクティヴ（ものの見方）が、「意味の場」の客観的構造と一致するかどうかによって、判断できるというわけですよね。そういったものは、たしかに私たちが知ることのできる、客観的な事実だと。

MG　厳然たる事実というものについて考えてみましょう。太陽は地球よりも大きい、2＋2＝4である、といった類いの事実です。繰り返しますが、特定のケースでは議論の余地がありますが、こうした事実の存在を一般的に否定する余地はありません。

▼自然科学に特権を与えない

斎藤　今、あげてくださった数学や天文学の事実の例は比較的理解しやすいと思います。ところが、新実在論は自然科学の世界観に異を唱え、あなたは自然主義の危険性を訴えています。これは一見すると、矛盾であるように感じられます。

MG　いいえ、矛盾していません。粒子加速器や脳のMRIでは、道徳、宗教、共和国、数字、精神史のいずれも見ることはできません。しかし、これらの世界史的なものが存在しないということにはなりません。ただ、それらが自然科学によっては原則的に研究できないだけなのです。

自然科学の扱う宇宙は、存在論的な地域のひとつに過ぎません。数多くある他の「意味の場」と並んで存在しているもののひとつなのです。だからといって、宇宙を研究することの価値が低くなるわけでは、もちろんないのですが。

斎藤　自然科学の研究対象は自然的なものに限定されていて、実在的なものすべてを網羅しているわけではない、と。だからこそ、あなたは自然科学に特権を与えない。むしろ、さまざまな学問分野の平等を支持する「中立的な実在論」を主張しているのですね[15]。いったい、自然主義の何が危険なのでしょうか。

MG　自然科学を絶対視する「自然主義」を放っておけば、政治的な決定を「自然科学の専門家」にゆだねてしまう危険なテクノクラシーの傾向を生み出します。専門家集団は、一見、完璧に見えますが、しかし、専門家集団による支配は、民主主義の理念と相容れません。なぜなら、近代民主主義の理念は、人間の自由と平等という考えに依拠しているからです。

斎藤　自然主義を突き詰めると、一部の専門家による意思決定を正当化する事態が生まれてくるというのは、世界的な傾向としてあるのですね。日本でも落合陽一という研究者が、身分制の復活、あるいは技術を操ることのできる一%の人間による支配という将来像を肯定的に描き、人気を博すなど、悲惨な事態になっています[16]。

こうしたテクノロジーと民主主義の関係にまつわる問題は、また後ほど議論したいと思います。

▼新実在論が民主主義を再起動させる

斎藤　さて、あなたの新実在論への理解が深まったところで、あらためて相対主義について伺いたいと思います。「ポスト真実」をつくり出した相対主義を、新実在論はどうやって乗り越えるのかを説明してもらえますか。

MG　まず、新実在論は、まっさらなお皿を与えてくれます。過去数十年の理論的な選択肢の多くは、批判に耐えられるものではない。古い理論を捨て、新しいスタートを切るために、リセットボタンを押しましょう。それが新実在論の呼びかけです。

一度、ゼロ地点に戻ったところで、問うべきは「どのように他者の問題について、考え始めるべきなのか？　経済的な富、資本主義、民主主義、私たちの価値観などをいかに考え始めるべきか？」ということです。

そうすると気づくのは、人それぞれに違う、日々の利害関心をもっているということです。それぞれ違った利害関心をもっているために、「パースペクティヴ」が生み出されます。ここで言うパースペクティヴとは、アメリカの哲学者タイラー・バージにならって、私が「自己中心的指数」（egocentric index）と呼んでいるものです。[17]

自己中心的指数とは何かを説明しましょう。まず私が、私の行為者性の中心です。当たり前ですが、私は動物で、生き残りの確率への関心が内蔵されています。もしそれが、私の心を占めていることのすべてで、他者のことを考えないのなら、もちろん、他者が私を脅した時、私は他者と闘います。

斎藤　ホッブズの自然状態のようですね。

MG　そうです。実際、経済の次元では、こういうことが生じています。経済的な場面では、倫理的に振る舞うことはずっと難しいのです。なぜなら、多くのことが経済活動の成功にかかっているからです。もしあなたがひどいミスをおかしたら、たとえば、悪い契約書にサインしたら、あなたはドン底に落ちていくことになるかもしれません。それは現実的な問題なのです。

それゆえ、各人のさまざまなパースペクティヴの管理が必要となります。この管理においては、それを規制する上部構造があるはずです。それが、法の支配と呼ばれるものです。

斎藤　異なったパースペクティヴがぶつかった時に、いきなり戦争状態にならないように、お互いを調整するような強制力をもつルール決めを行っておくということですね。

MG　しかし、法の支配は、倫理的な考慮に基づいていない場合、機能しません。それゆえ、倫理的領域と法的領域のあいだでの態度調整が必要となります。それはパースペクティヴの管理をするために必要な実践的な知恵の一形態なのです。

斎藤　だから、あなたは民主主義をさまざまなパースペクティブのあいだを取り持つ絶え間ない管理や調整の過程として描いているのですね[18]。すべてを包摂する「世界」が存在しないからこそ、人々はパースペクティブの調停に政治的にかかわることを必然的に要請されるわけですが、その基礎にあるのが倫理です。

MG　そうです。もちろん、このパースペクティヴの管理は、事実に基づいたものでなければなりません。

▼自明なものの政治

斎藤　しかし、あなたが主張する「自明の事実」に基づく政治は、現実には機能していませんよね。

たとえば、気候変動です。気候変動が生じているのは周知のことで、自明の事実ですが、気候変動を食い止めようとする政治機運は盛り上がってはいません。自明の事実に基づく政治が機能しないのは、なぜでしょうか。

MG　それは、先ほども述べたように、自明なものが、見えるところから隠されているからです。自明なものが、我々の前には、自明でないものとして提示されています。ポストモダニズムの原理が働いているのですよ。つまり自明なものを構築されたものとして見せられている。「これは自明に見える……しかし、実際には構築されたものだ」と。現代の抱える大きな問題のひとつは、自明なもの、つまり交渉のしようがないものが交渉の対象に変えられてしまっているということなのです。

斎藤　たしかにネット上には、気候変動の懐疑論があふれています。だから、新聞なども両論並記で逃げようとする。懐疑論者からの反論が面倒だからでしょう。でもそのせいで結局何が真実なのかわからなくなってしまう。

その結果、人々はあらゆることに対して、ますます懐疑的になってきています。「日常に触れる情報はグーグルやフェイスブックによって操作されたプロパガンダじゃないか、つまり、すべてが〈社会的に構築〉されているのではないか」と猜疑心にかられているようです。

MG　人々がそんなふうにドラマティックにものごとを捉える状態は危険です。真実を手に入れることがもはや簡単ではないとみんなが信じてしまうと、代表民主制への信頼が失われてしまうからです。

斎藤　とはいえ、すべてがそれほど自明なものではなく、人工妊娠、中絶、同性婚などの政治的議論になっているものがたくさんあります。実際、こうした重要な問題について、私たちは合意に達することができていません。

ここに、悲観主義に陥る危険性があるわけです。合意に達することは無理なのだから、議論はそもそも無意味ではないか、という悲観主義です。だったら、誰か強いリーダーにすべてを任せて、決定してもらいたい、という気持ちになるのも不思議ではない。

MG　もちろん、すべての事柄が自明なわけではありません。私はすべての問題が明白であると言っているわけではないのです。たとえば、年金改革よりも税制改革を優先すべきである。これは、自明なことでしょうか。自明ではありませんよね。どちらの改革を優先すべきなのか、精査して決定する必要があります。

実際、私たちがまだ知らないことは、山のようにあります。人間に関する重要なことでも、知らないことが数多くある。すべての事実が出そろった「歴史の終わり」に、我々が立ち会っているわけではありません。これから確定していくべき事実が、たくさん存在するのです。
しかし、どんな政治活動であれ、その活動のゴールは自明なものを見つけ出すことだと認識しておくべきです。そのうえで、もし最後まで合意にたどりつけないことが残ったら、容赦ない選択を迫られる、そういう場面も出てくるでしょう。
税制改革と年金改革の例で考えれば、どちらも同じくらい良い政策かもしれない時に、容赦ない選択を迫られます。どちらを優先するかは、時の政権しだいです。その政権は、間違った選択をするかもしれませんが、民主主義が機能していれば、私たちは、後で軌道修正することができます。

斎藤　別の政党に投票すればいい。

MG　ええ。たとえば、ある政権が保険制度改革を始めたのに、税制改革を優先すべきだったと判明したとする。その場合、次の保守政権は税制改革を行うかもしれない。しかし、それも正しくないかもしれない。その結果、緑の党が政権を担って環境問題に取り組むというふうに。
このプロセスこそが政党政治の理念を具現化したものです。有権者も政治家も、いつでも間違いをおかす。誤謬のない人間はいません。そういう誤謬性を考慮に入れたうえで、私は政党政治の理念を完全に支持したいと思います。
自明性の政治は、それが自明なものに依拠しているからといって、簡単なものではないのがおわかりいただけたでしょうか。

▼熟議型民主主義と倫理の普遍性

斎藤　私たちは現実を把握できると措定しているという意味では、現実を知っている者同士が熟議することが民主主義をより良いものにすると考える、熟議型民主主義をあなたは支持しているように聞こえます。熟議型民主主義と言えば、その提唱者としてハーバーマスの名前が浮かびますが。

MG　ええ。現実を知る者同士の熟議は真理を導き出します。とはいえ、熟議することそれ自体が真理なのではありません。熟議のプロセスと熟議の結果とを混同しているのがハーバーマスです。[19]

彼の唱える真理の「合意説」は混乱していて、熟議というプロセスを真理だと思っている。しかし、真理は、熟議のプロセスのなかで目指されているものです。たしかに真理は言説を超越しません。とはいえ、真理は、その本質から言って、言説によって構築されるものではないのです。

さらに彼が間違ったのは、形而上学的実在論か、プラグマティズムか、というふたつのあまり良くない選択肢を立てて、プラグマティズムのほうを選び取ったことです[20]。しかし、真理は、ふたつの選択肢の中間にあるのです。

斎藤　やや極端な例をあげれば、議論の過程で、いくら熟議がなされたとしても、その結論が、ユダヤ人を殲滅せよ、というようなものであれば、それは真理ではないということですね。そんな結論は、倫理に反するものです。

倫理的な諸原則は、人間が人間らしく生きるための条件だからこそ、すべての人間をカバーする、真に普遍的なものでなくてはならない。人間が存在する限り、倫理的次元が、相対主義者の挑戦によって損なわれるようなこともあってはならない。私もそう思います。

MG　そうなんです。今あなたの言ったことからも、相対主義者の主張は、普遍化することができないことがわかります。たとえば、子供を拷問してはならない、ましてや遊びで拷問してはならないということは、誰もが同意するでしょう。この問題に限らず、さまざまな倫理的な問題について根本的な合意が、全人類のあいだに存在するのです。

同じことが人権にも当てはまります。人権とは言い換えるならば、人間が人間としての生を営むための必要条件であり、奪うことのできない絶対的なものなのです。

斎藤　なるほど。どんなふうに、あなたが相対主義から人権を守っているのかがわかりました。普遍的理念を擁護する新実在論は、そういう意味では、啓蒙主義的な近代のプロジェクトを継承していると言えますね。

第四章　未来への大分岐
——環境危機とサイバー独裁

▼目前の危機と民主主義

斎藤　前章では、新実在論の意義が明確になり、あなたが熟議型民主主義に賛同していることもわかりました。しかし、熟議を通じて、問題を解決しようとするのは大変で、相当のエネルギーが必要です。さまざまな危機が同時に進行している現在では、不安にかられ、疲弊した人々は、権威主義的なポピュリスト・リーダーの台頭を望んでいます。

こうした状況の治療法として、現実を見つめる手がかりとなる、新実在論が役立つことが期待されるわけです。しかし、こんな可能性もありませんか。「世界」が存在しないと主張するのが新実在論ですから、人々が寄り掛かりたいと願う全体性がない、そのことが、かえって人々を不安にしてしまう。

その結果、皮肉なことですが、「人生の意味とは何か」、「よりよい未来とは何か」という問いに対して、単純明快な回答を求める人が増えてくるかもしれません。

MG　そういう人たちにアプローチするには、別のところから始めなければならないと思います。まずは教育の次元から始める必要があり、教育改革をしなくてはならないのです。たとえば、漢字の習得は難しいのに、日本人の識字率は非常に高く、一〇〇%に近いそうですね。これは社会が、読み書きのリテラシーに高い価値を置いている成果です。それとは残念ながら対照的に、現代の教育制度では哲学的に思考するということを子供たちに教えていません。すべての子供たちが、哲学教育を受けることができるようにすべきです。

斎藤　そのとおりですね。強いリーダー、つまりポピュリストに頼ろうとする傾向が広がっているので、哲学的な思考を教育することは喫緊の課題です。私自身は、民主主義を再起動させるために社会運動を重視していますが、自分で何が正しいかを判断する思考力がなければ、運動でも上からの命令に従い、雰囲気に流されるだけでしょう。

MG　倫理的な判断ができるようになるためには、トレーニングを小学校の低学年から行っていく必要があります。算数がトレーニングなしにはできないように、倫理的な判断も哲学のトレーニングなしにはできません。

斎藤　その提案は、実行可能なものだし、実際、自明なことのように思えます。

MG　では、哲学教育に限らず、こうした自明のことを実行しなければ、どうなるでしょう？　こんなふうに、想像してみてください。

人類は、今、胸元に拳銃をつきつけられているような状態だ。「撃たないでくれ」と叫び、最悪の事態を避けるために、行動する選択肢もある。それなのに、「どうぞ撃ってください」と言っている。未来ではなく、終末を選ぼうとしているのは、私たち自身なんだ――。

実際、私たちがいる状況は、生死の選択という分岐点にいるわけです。気候変動やテロなどの脅威に直面しているのですから。

とりわけ、今、哲学教育をやらなければ、私たちは敗北します。私たちは民主主義を破壊することになり、世界を覆う気候変動などの諸問題を解決できず、サイバー独裁が民主主義に取って代わるでしょう。

もちろん、私たちは生き延びたい。そうであれば、私たちがどちらを選択すべきか、それは当たり前のこと、自明のことなのです。

▼次世代のために環境をどう守るのか

斎藤　今の話から想像すると、ガブリエルさんは、この危機において人々が間違った選択をしているのは、十分な情報が与えられていないからだと考えていらっしゃるようですね。大人たちの不合理な行動によって引き起こされた気候変動のせいで、次世代が苦しむ。そういう危険性が周知されていないから、自明である、正しい選択が取れない。そんなふうに思っていますか。

MG　はい。廃棄された大量のプラスチックのせいで、五〇年以内にマグロが消えてしまう、という情報が周知されれば、次世代のために日本人もプラスチックの使用をやめることになるでしょう。簡単なことです。そうすれば、子供も孫たちも、健康的なディナーを食べられることになります。

斎藤　私はその点については、少し意見が違います。具体的に言えば、プラスチックを消費し続けるように人々を仕向ける、構造的な力があると思います。

たとえば、ウナギが絶滅の危機にあるという事実が繰り返し報道されているにもかかわらず、日本人はウナギを食べ続けています。コンビニエンスストアやファストフード店でも、ウナギを使った商品がたくさん並んでいて、「今食べなければ、もう食べられないかもしれない」と宣伝している。資本主義が駆動しているのです。

あるいは、気候変動の危険性をすでに知っているにもかかわらず、私たちは飛行機に乗るし、SUVを運転し、多くのモノを消費しています。つまり、ここには構造的な要因があるはずです。マルクスは、こうした人々の傾向の特徴を捉えて、「大洪水よ、我が亡き後に来たれ」という態度であると評しました[21]。

しかし、マルクスが指摘しているように、これは資本家個々人の道徳が欠如しているがゆえに起きていることではありません。目下の利益のために行動するよう、彼らも駆り立てられている。そうしないと、他の資本家との競争に生き残ることができないのです。

MG　構造的な問題があることには完全に同意しますが、私は構造的要因が存在している理由について別の説明の仕方もできると思っています。

構造的な問題が存在するのは、人々に十分な情報が行きわたっていなかったせいではありませんか。ウナギの絶滅の危機が周知されていて、政治家たちに生物学者たちが適切にアドバイスをしていたならば、ウナギを乱獲してはいけないという法案を政治家はとっくの昔に可決していたでしょう。

個人の責任ではなく社会構造について考えなければならないというのは、同意します。個々の消費者は、この構造的因果連鎖が存在するため、ただちに責任を問われるべきではありません。しかし、因果連鎖を変えるには、正しいレベルで事実を取り入れる必要があると私は思います。問題は構造的ですが、その構造が存在している理由は自明の政治が行われていないからなのです。

だからこそ、マルクスは真っ当な政府の形態をつくり出すための科学、つまり「ポリティカル・エコノミー」を求めたのです。マルクスは議論を科学的なものに昇華させようとしていました。現代から見れば、彼の主張の多くは間違いでしたが、すべて間違っていたわけではありません。より良い社会の構造を築くために、何をすべきかを見つけようと、社会の構造について科学的議論を深めたのです。彼は正しいことをやったのだと思います。

斎藤　別の例で考えてみましょうか。気候変動のもたらす危機の深刻さが一般に知られる前から、理解していた団体や人々が存在します。そしてその脅威を知っているからこそ、問題を隠蔽し、二酸化炭素排出でやり玉に挙げられる石油会社などは、気候変動についての懐疑論をサポートするために多額の費用を使い、ロビイング活動も行ってきました。

資本主義は利潤を追求するシステムであり、地球環境がどうなろうが、気にしません。利潤獲得と地球の持続可能性が相反するものになれば、容赦なく、持続可能性のほうを犠牲にするでしょう。

だとすれば、人々が問題を正しく認識するようになれば、事態は自動的に解決するというのは楽観的すぎる。端的に言えば、資本主義そのものを変革しなくてはいけないのではないでしょうか。アドルノの言葉をもじれば、「誤ったシステムの内に正しい生き方は存在しない」のです。[22]

▼AIに決定をゆだねたがる人間の弱さ

斎藤　もちろん、気候変動や地球規模の不平等の問題のような事実を知っているにもかかわらず、その事実がもたらす帰結から私たちは目をそらす傾向があることには同意します。

そこで聞きたいことがあります。人間が現実に直面するだけの強さをもっていると思いますか。私が恐れているのは、最善な選択肢とは何かを決定する時に、その重要な決定を人間がするのではなく、ＡＩに任せてしまうようになるのではないかということです。

たとえば、アメリカの哲学者スタンリー・カヴェルは、「人間性を否定したいという願いほど、人間的なものはない」と述べています。[23] みずからの有限性に失望した後に、人間はその有限性を否定したいという願望にかられるというわけです。有限性は制約であり、障害であると私たちは感じるからです。これは、ある種の病理でしょう。すべてを無限に手に入れることができないのなら、まったく何も手にすることができないというように、ねじれた論理で考えてしまうのです。

繰り返せば、自明の事実は往々にして、深刻な事実です。しかし、その深刻な問題に取り組まず、事実を否認して楽になりたいという誘惑に人間は負けてしまうことが多い。人間の有限性を否定したい、障害などないことにしたいという願いとあいまって、そうした誘惑が、どんな帰結をもたらすかといえば、AIの決定にすべてをゆだねるという事態なのではないでしょうか。自分たちの意思で、自分のことを決めるという自由を放棄し、AIに人類の未来を任せてしまうかもしれません。

実際、あなたも、『「私」は脳ではない』という著作のなかで、この問題を指摘していますね。[24] 自由の重荷から逃れ、手放す方向に人々を誘っていくのが自然主義であり、それはとても危険なことであると。

MG　ええ、人間はあらゆる決定をＡＩに任せて、みずから決める自由を手放そうとするでしょう。

しかし、現実には、ＡＩはうまく決定を行うことはできない。人間のほうがうまくやれると私は考えています。

なぜなら、ＡＩは倫理をもっていないからです。選択をするのには、倫理が必要なのですが、倫理をプログラムすることはできません。倫理的選択のためのアルゴリズムは存在しないのです。

倫理をもっているのは動物だけです。ＡＩは生き物ではありませんから、人間のために倫理的選択を行うことなどできません。端的に言えば、ＡＩは単なるシリコーン製品で、（生命の進化の延長としての）「ロボリューション」（robolution）の産物ではないからです。

ＡＩは死にません。もしあなたが生き物ではなく、不死身の存在であれば、どう生きるかは問題とならないので、倫理をもつことはできません。倫理は、死すべき存在のためのものなのです。

斎藤　そもそもＡＩには意識がありませんね。

MG　基本的に言えるのは、デジタル回路は意識の担い手にはなりえない、ということです。意識こそが、思考と知性の前提として必要です。

意識は、生物が進化する過程で形成されてきました。人類においては、意識は意識それ自体を認識するところにまで到達しています。他の動物と同じように、私たちには意識があるのですが、それだけでなく、意識があることを知っています。私たちは、意識をもっていることも認識して、そのうえで、みずからを制御する唯一の動物です。人類は人類学をもっていますが、ライオンはライオン学をもっていません。

人間の思考は、五感――視覚、聴覚、嗅覚、味覚、触覚――と並ぶ、六番めの感覚です。現実というものは人間の思考から完全に独立しているものですが、そうした現実を思考という感覚で、私たちは把握しています。

この〔思考の〕仕組みを私たちはまだ完全に解明できていません。しかし、その仕組みを解明していないのに、私たちが現実を把握できるのは、生物学的にそのように装備されているからです。完全には理解しえない複雑な駆動の仕組みに依存していて、全体像が見えないまま、思考しているのが私たちなのです。

そのような複雑さは、コンピュータには当てはまりませんよね。だからこそ、人間が設定したタスクをコンピュータは効率的に処理できるのです。コンピュータとロボットは完全に非精神的な存在です。精神がからっぽの、ゾンビのようなものなんです。

▼精神なきサイバー独裁

斎藤　意識をもたないAIが、人間の代わりを果たすようになると、どうなりますか。

MG　非常に危険です。人間の思考活動を人工物に投影した結果、私たちが自分たち自身の敵になるからです。

ドローンを使った軍事行動やサイバー戦争が可能になったのが現代です。そういう時代に、アルゴリズムが独立性を獲得していること、そのアルゴリズムに私たちが服従していることを忘れてはなりません。

しかも、私たちがコンピュータに服従させられたのではない。私たちが自分たち自身をアルゴリズムに服従させているのです。

斎藤　アルゴリズムを内面化して、自分たちもロボットか何かのように思考し、判断するようになっていくということですね。何も考えないでスマホの指図に従って行動することは私もあります。

MG　こういう動きに対する正しい抵抗の方法は、啓蒙主義を最大化することです。つまり、他者の指図や手引きに頼らず、自分の知性を使うということを徹底すべきなのです。
ところが、科学技術の進歩という神話が、自分の頭を使って考えるという能力を妨げています。人工物に文明のあり方をゆだねる文明、つまり哲学的・倫理学的な省察を隅に追いやる文明は、遅かれ早かれ、精神無きサイバー独裁に乗っ取られてしまうでしょう。
哲学・倫理学的な省察は文明の進歩に対処するための規制や慎重さを多く生み出すせいで、邪魔物として文明の片隅に追いやられてしまうのです。

斎藤　まさにサイバー独裁において、自然主義、社会構成主義、人間の終焉、そして民主主義の否定が合流する。

MG　そのとおり。AIの普及によって、人間という概念が揺らぐようなことになれば、次に私たちを待っているのは、強制収容所でしょう。
ホロコーストというドイツ社会の歴史的失敗は、ドイツ国民の一部（ユダヤ人、体制批判者、共産主義者など）を非人間化したために起こりました。ホロコーストを絶対に繰り返してはなりません。だからこそ、人間という概念をしっかりともつことが必要なのです。人間というものを疑うようなまねを絶対にさせてはならないのです。

斎藤　ドイツ人は歴史の失敗から学んでいて、それはドイツの憲法にも反映されていますね。

MG　そう、でもAIは野放しです。現段階なら、まだAIにブレーキをかけ、魔法使いの弟子が愚かなプログラムを書かないよう注意することができます。もし野放しにしていれば、最終的には、人間がみずから生み出したものに従属した全面的な監視社会に住むことになるでしょう。

情報化時代の問題に対処するための人文学と哲学の研究を大規模に進めることが急務です。ところが、あらゆる大学をMIT的な技術研究機関に変えたがる人たちがいるようです。そうなってしまったら、情報化時代の課題を扱う、哲学的研究はできません。

斎藤　AIなどへの研究費が増やされる一方で、人文学の予算が削減される傾向は日本でも止まりません。むしろ非人間化の危機を前にして、人文学が重要になってきているというのに……。

AIに倫理的な判断まで任せてしまうことは不可能だ。人間が人間らしく、倫理的にものごとを考える必要がある。そのためには、哲学や倫理の教育が必要だと、先ほどおっしゃっていました。それは自然主義に抗する新たなヒューマニズムなのですね。

このヒューマニスト的な倫理の指針となる原理は、どのようなものだと考えていますか。

なぜ、そう聞くかと言えば、相対主義の問題が、ここでも顔を出すからです。異なる文化的背景をもつ人々は異なる倫理原則をもっている、と相対主義者は言うでしょう。これにどう反論しますか。

MG　具体的に考えてみましょう。女子に教育を与えるべきではないと考える文化がありますが、そうした考え方は間違っています。もし、それが彼らの信じるものなら、倫理的な間違いです。

斎藤　コーランに明示的に「女子教育をするな」とは書いていないようですが、イスラム圏では、女子に教育をさせない人たちがいますね。

MG　いったい、ぜんたい、どうしたら、女性を教育すべきではないなどという議論に合理性があると言えるのでしょうか。あまりにも不合理でしょう。もし女性の教育を禁止することが倫理だというならば、そう信じる人たちは深刻な間違いをおかしているのです。

私たちはそのような間違いをけっして寛容すべきではありません。それを信じる自由をもたせてはなりません。彼らはひどく間違っているのですから、そのように信じる自由を制限すべきなのです。

第五章　危機の時代の哲学

▼定言命法と無知のヴェール

斎藤　ここまでの話を聞いていて思うのは、あなたが重視しているのが、論理的な一貫性と普遍性だということです。とてもカント的ですね。つまり、普遍的な法則に重きを置いた万人に当てはまる道徳原理を求めています。

MG　倫理に原則を求めるなら、普遍的な原則が必要です。それは、カントの定言命法のようなものです。完全に同じとは言いませんが。

普遍的な構造はこうです。考えてみてください――。そうそう、倫理も何もないゼロの状態から始める、この「再起動」ボタンを私はいつも使います。

斎藤 Imagine（考えてみてください、想像してみてください）という表現を今日も何回か使っていましたね。

MG ええ。あなたが、まだ何をすべきかわからないゼロの状態にいると考えてみてください。そして、あなたは何かを行動に移そうとする。たとえば、自動車を燃やすことを思いつき、それについて考え始めます。「私は自動車を燃やすべき？」、「車を燃やすのは倫理的なこと？」。

もし燃やすのが自分の車だと考えたら、いいアイデアではないとすぐにわかりますよね。ゆえに、自動車を燃やすのは倫理的ではありません。

次なる問いはこうでしょう。「自動車は存在すべきか？」、「自動車が存在することは倫理的なのか？」。

斎藤 化石燃料を現在のペースで燃やし続けると、気候変動を悪化させ、未来の世代の繁栄の基礎を損ないます。

MG だとすれば、答えはノーですね。自動車は存在すべきではありません。それは明らかです。

斎藤　電気自動車にシフトする必要があります。

MG　あるいは、移動する距離を減らすか、ですね。

　こうして私たちは倫理のための普遍的原則を手にしています。あなたが知っていると思っていることを忘れてください。無知へと進みなさい。それがソクラテスの原則です。まだ自分が決定を下していないふりをしてみてみよう。少しのあいだ、自分自身であることは忘れ、自分を抽象化して、他人の視点から見てください。その選択に賛成できますか？　他人の視点から考えて、賛成する理由を見つけられないなら、それは倫理的ではありません。これは倫理的かどうかを見分ける判定テストで、カントの普遍的な自律性をアップデートしたものです。

斎藤　ジョン・ロールズの「無知のヴェール」という考えに似ていますね。自分については何も知らないと仮定して、問題を考えてみようというのが「無知のヴェール」ですから。[25]

MG　はい、この点に関してロールズは正しかったのです。とはいえ、彼が議論しているのは、社会について、つまり政治体制の成り立ちについてです。一方、私は厳密な意味での倫理について話しています。

斎藤　しかし、あなたの今、やってみせた倫理テストも、社会的、政治的、経済的な問題について考える際の基礎となることができるのではないのですか。

MG　いいえ、そうは思いません。これは倫理的な基盤を与えるものであって、政治的なものではありません。

政治は、限られた資源の分配を扱うもので、正統な意見と意見の間に横たわる不一致を調整し、管理するものです。つまり、政治にはさまざまな選択肢がありえます。そのことは、先ほど話をした税制改革と年金改革の例からもわかるでしょう。また、政治は資源の分配に関係しているので、政治を経験に依存しないで決めることはできず、だからこそ政党政治が必要なのです。政治は非常に経験的です。

一方、政治と対照的に、倫理は主にア・プリオリなものです。倫理においては、正統な不一致は存在しません。ふたつの意見が一致しないなら、片方の主張が間違っています。倫理的な真理が、あらかじめ、ア・プリオリにあるからです。だから、どちらの側が間違っているかを把握する必要が出てきますね。

斎藤　政治的なものは、倫理的な問題にはならないのですか。

MG　ええ、そうです。女子教育を禁止する政治は、倫理的に見て、危ない政治ということになります。しかし、本質的には、これは政治的な問題ではありません。女子に教育を与えるべきかどうかは、倫理的な問題です。もし女子教育に反対する政党が議会に存在するなら、この政党に対して法的措置をとらなければなりません。

斎藤　こうした倫理的問題を、制度で解決するとしたら、どんな制度が考えられますか。

MG　それは「みんな」でしょうね。倫理的な判断をするための明確な基盤を「みんな」がもっているならば、間違いをおかす人は出てきません。いや、何人かはまだ間違うでしょうが、ごくわずかなはずです。

2＋2の計算を間違う人はどれくらいいるでしょうか。何人かは間違うかもしれませんが、誰も間違えないと言っても差し支えない。それと同じことです。

九九％の人々が倫理のリテラシーをもっている社会を想像してみてください。そういう社会で、女子教育を否定する政党があったとします。その政党はひどい間違いをおかしているので、そもそも誰もその党に投票しないでしょう。その党に対して訴訟を起こし、さらに、女子教育を否定するような政策を支持すること自体を違法にするでしょう。

▼啓蒙の復権

斎藤　倫理の普遍性を擁護するという意味で、新実在論は啓蒙主義を再起動するものですね。真理、平等、自由、連帯という普遍的理念を、ポストモダンの危機を乗り越えて実現していくことを求めている。

MG　ええ、そうですとも。新実在論は啓蒙であり、かつ存在論に基づいた現代哲学です。この点において、新実在論はハーバーマスとは異なるのです。ハーバーマスも啓蒙の理念にコミットしてはいますが、彼の理論には存在論がありません。ハーバーマスには、実在性の事実構造についての理論がないのです。だから、合理性を共同体における手続きと結びつけます。しかし、人間の合理性は実在性と深く結びついているため、外的制約なしに合理性はもたらされないのです。

言ってみれば、新実在論とハーバーマスの関係は、ヘーゲルのカントに対する関係のようなものです。ヘーゲルはカントについてこう述べました。存在論がなく、認識論でしかない、と。客観性だけはあるが、事実はない。「当為」(「〜べし」)はあるけれど、「存在」がない。

それと同じです。新実在論は本格的な啓蒙ですが、存在論に基づいたものです。事実をどう取り扱うかという問題を解決できないハーバーマスの言説理論を新実在論は乗り越えるのです。

斎藤　あなたの存在論を「ポスト真実」の哲学であると誤解している人がいます。「ユニコーンは存在する」という挑発的なフレーズだけを耳にした人はそう誤解する。著作を読んだ人でも、「意味の場」が無数にあること、つまりあなたが無限の多元性を強調していることから、新実在論を相対主義的なものだと誤読することがある。

しかし、新実在論は相対主義ではありません。事実の基礎を揺るがす相対主義は民主主義を脅かす危うさをもっていますが、新実在論はその危うさから、経験の客観性をしっかりと守る、防波堤になろうとしている。

MG　そう！　繰り返しますが、「すべてが存在する」ということは、「すべてが真実である」ということを意味しているわけではありません。「存在するもの」＝「真実であるもの」ではなく、残念ながら多くの虚偽が「存在」します。それが、問題の片鱗をなしているわけです。

斎藤　そんな虚偽も含めて、さまざまなパースペクティヴが実在している。

MG　さまざまな利害が存在するからこそ、民主主義こそが、普遍的に妥当する規範システムに他なりません。普遍的に妥当する規範は、どこから来たのか、どのように見えるのかにかかわらず、すべての人に適用されるからです。

▼ラディカル・デモクラシーvs.左派ポピュリズム

斎藤　そういう疑いえない根源的《ラディカル》な人間の普遍的倫理に民主主義が基づいているという意味で、あなたは「ラディカル・デモクラシー」に言及するわけですね[26]。とはいえ、あなたの言うラディカル・デモクラシーは、通常のラディカル・デモクラシーの理解とは大きく異なります。

一般に、ラディカル・デモクラシーと言えば、人々の不満や憤りを政治につなげていく「左派ポピュリズム」を提唱している政治学者シャンタル・ムフのことが思い起こされます。ムフの左派ポピュリズムは、近年、スペインのポデモスなどの政党政治にも影響を及ぼすなど、勢いが増しています。

そのムフが敵視しているのが、ハーバーマスが想定しているような熟議型の民主主義です。つまり、理性的コミュニケーションと合意に基づく熟議型の民主主義が、政治にとって根源的なものであるはずの敵対性の次元を排除していることをムフは槍玉にあげる。

ムフはハーバーマスを批判して言います。敵対的関係を抑圧するハーバーマスのような考え方が、現代のリベラル・デモクラシーを大衆にとって疎遠なものにしてしまっている。そのせいで、排外主義的な右派ポピュリズムの台頭を許してしまっているのではないかと。大衆を右派ポピュリズムに向かわせるような事態に対抗するためには、人々の欲望や感情を反映しながらも、排外主義的に向かわないような左派ポピュリズムの連帯を構築する必要があるとムフは言うのです[27]。

ところが、あらゆる人々に妥当する普遍性の擁護という意味では、むしろムフが批判しているハーバーマスに、あなたは近い。

MG　ムフの主張は、社会全体を暴力的なものにしたいと言っているのと同義です。暴力と敵意を欲しているのなら、トランプに投票すべきだと思う。ラディカル・デモクラシーの論者たちが望むものを、トランプが与えてくれているのですから。彼らの定義にならえば、トランプの政治こそが真の民主主義だということになってしまいます。トランプがムフの本を読んだら、「そうそう、私は政治を正しくやっているんだよ」と言うに違いありません。

ムフたちの主張が根本的に間違っているのは、理性と感情を対置している点です。なぜ、理性と感情が相容れないものだと言えるのか。そういう対置は、そもそもおかしい。

理性と感情という問題を扱うために、私は「人間動物」(human animal) という概念を使います。「人間という動物」は、合理的にものを考えます。しかし、合理的・論理的に考える時も、私たちは感情の流れのなかで、合理的・論理的に考えています。

人間の知性はすべて、感情とつながっているのです。

倫理とは、人間に関する事柄です。人間は傷つきやすく、また死を避けられない動物で、人生の時間は有限です。同じように人間の考える概念も、環境によって影響を受けやすい、脆弱なものです。それも私たちが動物だからです。

こんなふうに、感情というものを話の全体像のなかに置くことができます。しかし、だからといって、人間が論理的に考えることができない、という意味ではありません。理性と感情は対置すべきもの、相容れないものではありません。理性と感情は、基本的に同一物なのです。

ハーバーマスは、人間の感情や欲望を排除した悪い意味での合理主義者かもしれません。しかし、私が提案しているモデルは、そのような悪い意味での合理主義を必要としません。

私の新実在論は、人間を動物として考えるからです。人間は合理的に考える動物なのです。

▼難民問題――「恐れ」の感情にどう向き合うか

斎藤　政治における、理性と感情という問題を考えるために、今日の対談の冒頭で話をした「恐れ」という感情について、もう一度、議論をしたいと思います。

多くの難民が欧州に殺到した際は、ドイツの人々は難民問題に大きな不安を抱きました。恐れや不安というのは、とても重要な感情です。そういう時に、「感情的になってはいけません。難民の権利を尊重しなくてはなりません」と「正論」を説いても、それはナンセンスではありませんか。

MG　そのような恐怖に対する応答の仕方は良くないですね。本当によくある反応ですが、間違っている。

スクリーニングされていない一〇〇万もの人々が、ドイツに押しかけて来たと想像してみてください。そのなかの一部の人々は、暴力的な犯罪を行うでしょう。殺人犯からドラッグ・ディーラーまで、あらゆる犯罪者をドイツは迎え入れるべきではない。その意味で、ドイツ国民が感じる恐怖は、完全に正当なものです。

斎藤　では、どうしたらよいというのですか。

ＭＧ　私たちは理性的に考えることから始めるべきです。一部の犯罪者のために、難民全員を排除すべきでしょうか？　もちろん違います！　地中海に溺れる赤ちゃんのことを考えてみてください。難民すべてを排除することが、正しい選択だとは言えません。

ここで、熟議型民主主義が登場します。議論の結果、出てくる答えは――それはまさにドイツが今、やっていることですが――受け入れ審査の過程を厳格にすることです。

さらに、ドイツでは次の段階にきていて、システムの機能不全の修正をはかり、腐敗を取り除こうとしています。それは、まさに私が考える、チェック＆バランスです。「殺人者を排除する必要がありますか？」とたずねられたら、「ええ、もちろん。殺人犯を故国に戻すか、刑務所に入れましょう」と私は答えるでしょう。「したがって、殺人犯を送還するための飛行機や、逮捕するための警官がもっと必要になりますね」。こういったことが不安を抱える人々に伝えるべきことです。

難民を恐れている人たちは、愚かではありません。真実をきちんと指摘しています。難民に紛れ込んだ一部の人々に対して恐れを抱く権利を私たちは与えられているのです。

しかし、彼らに対して不安をもっていいという、その権利を支える理由は、彼らがイスラム教徒である、ということではありません。

斎藤　ここで、あなたに伺いたいのは、ドイツには難民を受け入れる倫理的責任があるかどうか、という点です。ドイツ人は長きにわたり、民主主義を享受してきましたが、それが可能だったのは、先にあなたも指摘したように、国外で、人々を抑圧し、搾取してきたことによるものです。もちろんこれは、ドイツに限りません。EU全体が、難民問題に取り組む、責任を負っていると思いますか。

MG　ええ、そう思います。ドイツの憲法は、政治亡命者に対しては庇護される権利を認めていますが（基本法一六a条）、同じように、難民にもドイツにたどりついたら、政治的権利をもてるシステムを私は提案したい。

それが実現した状況を考えてみてください。難民には庇護される権利も、政治的な権利もある。人々にこれらの権利を与えることは倫理的です。ドイツにたどりついた彼らにそうした権利があるべきで、同時に彼らは義務も負う。

次に考えたいのは、法的責任ではなく、難民を受け入れる倫理的責任を欧州の人間がもつかどうか、です。そもそもドイツの憲法やEU制度にはこのような条項はないので、法的・政治的問題ではありません。

私たちが行ってきたことと因果的連鎖があって、難民がドイツへやってきたのでしょうか。そうであれば、その因果的連鎖をなくす倫理的責任が我々にはあります。中東の人々が故郷を去って、地中海を渡って欧州にやってくることを強いる因果的連鎖を断ち切る道義的責任が我々にはあるのです。命をかけて故郷を去るなど、誰も楽しくてやっているわけではないのですから！

そして、もし私たちに彼らを受け入れる倫理的な責任があるなら、彼らにも私たちを受け入れる倫理的責任があります。

斎藤　グローバルな市民権！　またカントですね。今度は『永遠平和のために』のなかのコスモポリタニズムです。[28]

ＭＧ　そうです。カントが気づいていたように、民主主義の本質というのは、国民国家というものと相容れないのです。国民国家を超えて民主主義が拡張されなくてはなりません。

こんなことを想像してみてください。もし国民国家システムの代わりに私たち全員がグローバル市民権をもっていて、経済的な格差のない、もっと平等な状態だったら、アフリカの人々がドイツに来る理由はあるでしょうか。ドイツに来ても、人が多く、国土は小さく、しかも寒い。一方、アフリカには素晴らしい場所がたくさんあります。私はドイツから南アフリカに家族と一緒に移住して、ホテルやワイナリーを開くかもしれません。あるいはそこで教授になろうかな。国民国家システムからグローバル・システムになったら、私も好きなところに移住する権利をもつようになります。

では、現在のシステムのもとで、なぜこんなにも大勢の人々がドイツに来たがるのでしょうか。単にそれは、今のところドイツにたくさんお金があるからです。ドイツが素晴らしいから、みんながドイツに来たがるのだとドイツ人は考えていますが、ナショナリストの勘違いです。

世界規模で見ると、人権の理念にかなった生活を送ることができているのは先進国に住む人々だけです。では、そのような一握りの人だけが、なぜ人権を保障された生活を享受しているのでしょうか。それは、残りの大勢の人々が、人権の理念に合致しない生活を送っているからですよね。これでは民主主義が、普遍的なものになっているとは言えない。この状況を正していく必要があるのです。

▼危機の時代の哲学

斎藤　今日の議論を通じて、あなたの哲学は象牙の塔のものからはかけ離れていて、社会の喫緊の課題と深く結びついていることがわかりました。

MG　プラトンも言っていたことですが、哲学者というのは、本来、他の哲学者と純粋な概念上の問題について議論をして、過ごしていたいものなのです。それが私たちの一番好きなことですから。

しかし、今は象牙の塔に籠もっているべき時ではありません。行動する時です。哲学者は行動することを求められています。私はその呼びかけに応じて、果たすべき役割を受け入れました。もちろん自宅で犬と一緒に遊びながら過ごすという選択もあるわけで、それだって素敵なことです。

しかし、私には哲学者として正しい概念を提供する倫理的責任があります。正しい概念は、不平等、人種主義、気候変動など、事実関係についての問題を修正するのに必要なものです。私は倫理的でありたいのです。

事実を真摯に受け止めて態度調整するための哲学的土台を提供するのが新実在論です。新実在論は、「ポスト真実」と相対主義に終止符を打つ宣言です。「こんな馬鹿げたことは、金輪際やめよう。相対主義が生んだ『ポスト真実』は有害なんだ」と。「ポスト真実」の語りというのは事実として偽であるだけでなく、規範的にも、誤っています。倫理的に有害だし、政治的にも有害なのです。

民主主義に関しては、シンプルな呼びかけで、話を締めくくろうと思います。あなた自身の経験という客観性を擁護しよう。相対主義者をあなたの家に招き入れないように。そして、不当な疑念に耐えられるコミュニティをつくりましょう。

斎藤　成功するでしょうか。

MG　失敗するかもしれません。私には当然のことながら限界がありますし、倫理的な間違いをする可能性もあります。

今日、倫理にまつわる事柄を私はいろいろと示し、議論しましたが、その結論のひとつは、まさに今日のような議論をいろいろなところでしなければならない、ということです。つまり、倫理的な病理を引き起こすような概念については、その枠組みを問い直し、立て直さなくてはならない。たとえば、代表制民主主義をその危機から救い出す助けになるような新しい概念を打ち立て、提唱することが、哲学者に向けられた倫理的な命令なのです。

誰にも解決策がわからないなら、解決のために何が必要なのかを問うのが、最初のステップです。解決策がわかっているなら、それを実行すればいい。しかし、現在のところ、民主主義の抱える問題について、解決策をもっている人はいません。だから、今、人々は哲学に興味をもっているのでしょう。

世界中で哲学への関心が高まってきているのは、深刻な危機に人々が反応した結果です。危機そのものも、それに対する哲学からの応答も、私たちはもっと深く受け止める必要があるのです。

東京にて。　撮影／露木聡子

第三部

ポール・メイソン

（経済ジャーナリスト）

ガーディアン紙などで活躍する経済ジャーナリスト。
スラヴォイ・ジジェク、ナオミ・クラインらが絶賛した
野心作『ポストキャピタリズム』で、
資本主義は情報テクノロジーによって崩壊すると主張し、
次なる経済社会への移行を大胆に予言。
欧米の経済論壇の話題をさらった。

Paul Mason

第一章　情報テクノロジーの時代に資本主義が死んでゆく

▼歴史の転換点としての二〇〇八年金融危機

斎藤　この本の締めくくりに、メイソンさんと対談できることを非常に嬉しく思っています。ここまでの章では、現代社会の危機を乗り越えるための思想的・経済的分析を行ってきましたが、危機を乗り越える道をあなたは、より具体的に提唱しているからです。

その道とは脱資本主義、つまりポストキャピタリズムの社会をつくることです。

日本のリベラル・左派は選挙で負け続けており、社会運動も脆弱です。この状況を変えるためには、「ノー」と言うだけでなく、どんな社会をつくりたいのかについて、大胆な構想を描く必要がある。

その意味で、欧米で大きな反響を巻き起こしたあなたの『ポストキャピタリズム』[1]は、日本社会にとっても重要なヒントを与えてくれます。

ポール・メイソン（以下PM） ありがとう。

斎藤 ポストキャピタリズムとはいったいどんな社会なのか、それをどうやって実現していくのかについて今日は一緒に考えていきたいと思います。

アメリカの批評家フレデリック・ジェイムソンが、こんなふうに述べたことがあります。「資本主義の終わりを想像するより世界の終わりを想像する方が簡単だ」と。[2]

資本主義ではない未来を考えようとすると、思い浮かぶのは人類の滅亡くらいしかないという趣旨の発言です。この言葉に象徴されるように、ソ連崩壊後に左派のなかで広がったのは「資本主義のオルタナティヴは存在しない」という悲観論でした。

ところが、今や新たな社会運動が世界中で巻き起こり、若い世代を中心に、格差是正や気候正義などを求め、新しい社会を自分たちの手でつくり出そうとしています。振り返ってみれば、二〇〇八年のリーマン・ショックが、多くの人々が異議を唱えるようになったターニング・ポイントだったと言えるでしょう。

そのなかでも、とりわけ注目すべきは、イギリスでの動きです。コービンが労働党の党首になっているだけでなく、理論的にも、資本主義の超克を掲げるラディカルな左派が、新自由主義に取って代わる新しい道をさかんに議論するようになっていますよね。あなたも、そうした議論の中心にいますし、ニック・スルニチェク、デヴィッド・グレーバー（第一部参照）などもそうです。

PM ええ、私たちはみな、新自由主義に代わる新しい社会のビジョンを打ち出そうとしています。二〇〇八年を境に新自由主義が危機に陥ったため、今は左派にチャンスがありますし、逆にこの機会を逃せば、気候変動や債務危機によって、五〇年後には人類は深刻な事態に直面します。

斎藤 二〇〇八年の経済危機によって、新自由主義の正統性が疑われるようになったことは、第一部でマイケル・ハートとも議論しました。

PM あの危機の後、破綻寸前の民間銀行や企業を救済するために、大規模な市場介入が行われ、量的緩和も進められましたね。国家と中央銀行は、市場の自由化と緊縮政策という新自由主義的プログラムをみずからの手で推し進めてきたのに、それを忘れたかのように振る舞ったわけです。これでは辻褄が合いません。

斎藤　しかも、あれだけの介入が行われた後でも、世界経済は立ち直ることができずにいます。

PM　ええ、その意味で、リーマン・ショックは、時代の終わりを告げる危機だったのです。まさに歴史的な出来事でした。

▼「コンドラチェフの波」が告げる資本主義の終わり

斎藤　具体的にはどのような時代に終わりを告げるものだったのでしょうか。

PM　端的に言えば、一八世紀末の産業革命を起点とした産業資本主義の時代の行き詰まりです。

斎藤　機械化を推し進め、大量生産、大量消費を目指してきた体制が産業資本主義ですよね。メイソンさんがこの産業資本主義が行き詰まっていると考えるようになったのは、どういったきっかけからだったのでしょうか。

PM　リーマン・ショック以降のこの歴史の転換期をどのような理論的枠組みで捉えるべきなのかを模索していた時に、最初の手がかりになったのが「コンドラチェフの波」でした。その景気循環の波が乱れていることに気がついたのです。

斎藤　コンドラチェフは、景気のアップダウンの波がおよそ五〇年ごとにめぐってくることを指摘しましたが、のちにシュンペーターが「コンドラチェフの波」と命名し、分析したように、[3] その約五〇年周期の景気循環は、技術革新によって規定されているものだと一般には言われていますね。

　具体的にあなたが本の中で説明している、「コンドラチェフの波」の循環を見てみましょうか（図1）。一七九〇年頃に始まる第一波から、最近の第四波まで、新しいテクノロジーが現れるたび、新しい景気循環が起こっていったのがわかります。

PM　そして、一九四〇年代から始まる長い第四波が、二〇〇八年の経済危機によって終わりを迎えましたが、その後に続くはずの第五波はどうなったでしょうか。

　もしコンドラチェフ循環に異変がなければ、一九九〇年代後半から始まっていた情報テクノロジー（以下、情報技術）の発展が、第五波として新しい資本蓄積を牽引するはずでした。第五波の基盤になるテクノロジーはすでに存在しているのですから、経済は新たな循環にむけて離陸していてもおかしくない。ところが、第五波の経済は離陸することなく、すでに失速しています。

図1　コンドラチェフの波

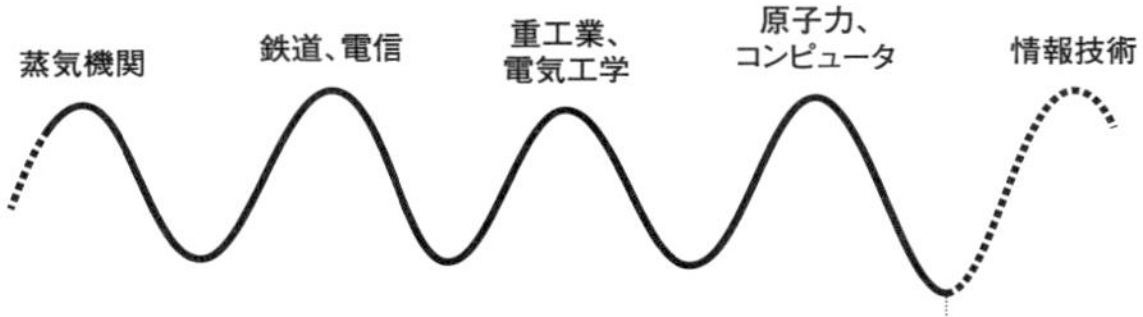

第1波	第2波	第3波	第4波	第5波
1790〜 1848年	1848〜 90年代半ば	1890年代〜 1945年	1940年代後半〜 2008年	1990年代後半〜

斎藤　確かに、デジタル技術を用いたネットワーク技術、AI、ビッグデータなどを含むIT産業が興隆しているように見えますが、実体経済は停滞したままですね。

PM　そう、これは特筆すべき事態なのです。

　では、なぜコンドラチェフの波に異変が起きているか。それは、第五波を支えるはずであった情報技術の特質によるものです。

　情報技術による経済は、資本主義と共存できないのです。この点については、後ほど説明していきます。

斎藤　はい。

PM　また、この状態を別の視点で捉えれば、市場への国家介入と量的緩和によって、産業資本主義という古いシステムが人為的に延命させられてしまっているとも言えます。つまり、破綻するはずの古い企業が破綻せずに、生きながらえてしまい、「ゾンビ企業」、「ゾンビ経済」

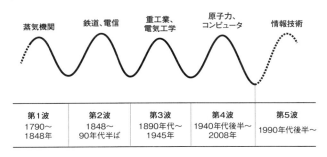

とでもいうべき現象が起きてしまっている。

そして、古いゾンビ経済が第五波の離陸を邪魔しているのです。

斎藤　それで不況が長期化していると。

PM　主流派の経済学者たちは、リーマン・ショック以降の経済危機を単に負債の焦げ付きが引き起こした危機だったと解釈し、危機は国家による金融市場規制と財政出動によって乗り越えられたと信じています。そして、次の好景気に向かって離陸し、飛び立っていくまでの橋渡しとして量的緩和が有効だと考えている。二〇〇八年の危機を、しばしば起こる経済危機のひとつだとみなしているわけです。

しかし、「コンドラチェフ波」に着目していた私には、当初から、普通の危機には思えませんでした。もっと根源的で、深刻な問いをコンドラチェフの波は投げかけているように見えたのです。

「次の景気循環に向けて離陸するために必要な、情報技術という新しいテクノロジーを我々は手にしているのに、なぜ新しい景気循環が始まらないのだろうか。これは、二〇〇年あまり続いてきた産業資本主義が、ついに終焉を迎えているからではないのか。だとしたら、それはどんな終わりになるのだろうか。」

このような問いこそが、私のポストキャピタリズム論の出発点だったのです。

▼成長の鈍化と生産力の過剰

斎藤　では、産業資本主義が終わりを迎えつつある歴史的な転換点という視点から、ポストキャピタリズムについて議論を始めていきたいと思います。

あなたが指摘してくださったように、一八世紀末に始まった産業資本主義は技術発展を加速させることで、モノが社会にありあまるほど、生産性を上昇させてきました。もちろん、貧富の格差の拡大ゆえに、すべての人が欲しいモノを欲しいだけ買えるお金をもっているかは別問題ですが、いわば、産業資本主義は「成熟」に達している。これが現代社会の姿です。

これを先ほどのコンドラチェフの波と関連づけて考えてみましょう。あなたは、技術革新によって引き起こされる利潤率の低下に着目し、コンドラチェフの波（景気循環）の終わりは利潤率の低下による恐慌であると、『ポストキャピタリズム』のなかでマルクスを参照しながら論じていますね。[4]

マルクスの利潤率の傾向的低下法則は、昔から数多くの論争を巻き起こしてきたわけで

図2　アメリカのGDP成長率（20年移動平均）

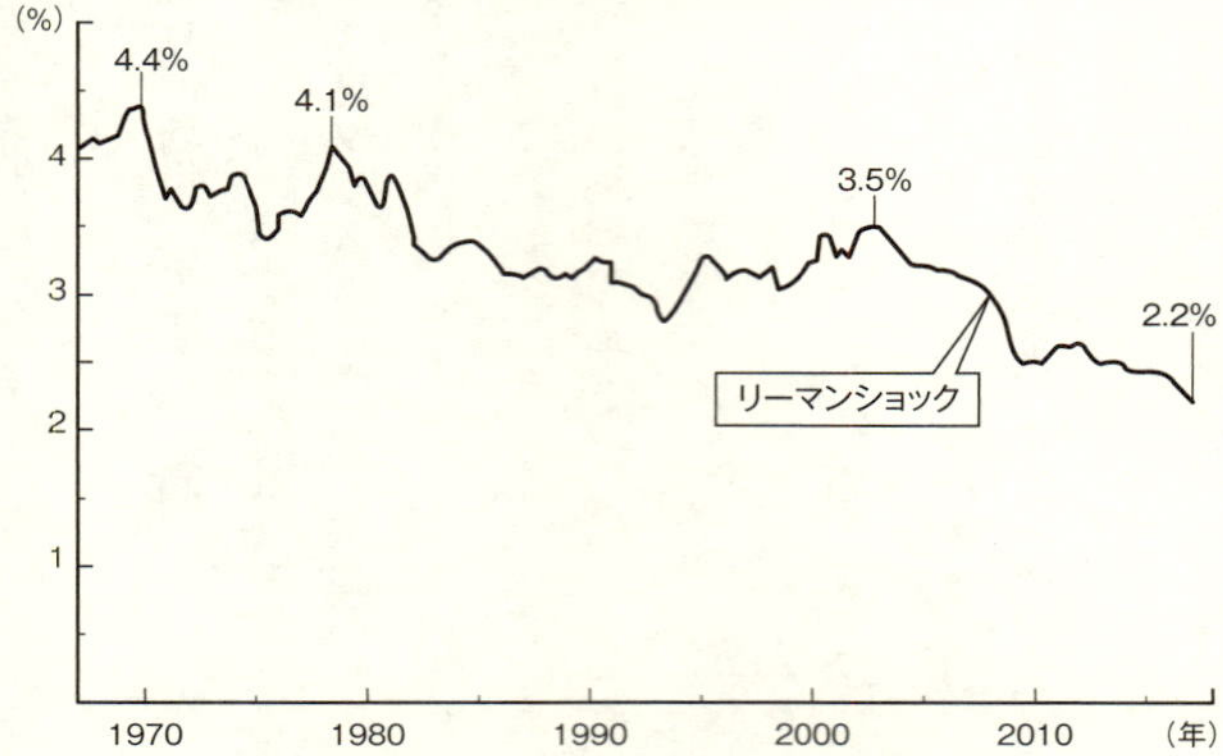

Bureau of Ecomic Analysis Table 1.1.3 をもとに作成

すが、近年では、先進国における利潤率の長期的な低下に着目した研究も出てきて、ポストキャピタリズムとの関連で論じられるようになっています。[5]

もちろん利潤率が下がったとしても、大量生産によって加速的に資本蓄積を行うことができれば、利潤の量そのものを増やすことはできます。

しかし、産業資本主義に利潤をもたらしてきた自動車や家電などの商品は、社会全体にある程度行きわたってしまうと、そう頻繁に買い換えが起こりません。買い換え需要がないために、資本の生産力が需要を上回ってしまう。

つまり、社会が必要としている以上に、モ

ノを大量につくり出す、過剰な生産力が存在するようになってしまいます。

生産力が過剰ならば、新たな設備投資は行われませんし、予測される利潤率も低いので、あえてリスクをおかすインセンティヴも減っていく。かといって車やテレビに代わる新しい産業もなかなか見つからない。これがいわゆる経済の「成熟」状態です。[6] このことは経済成長率の長期的な低下にも現れています（図2）。

▼情報技術が「潤沢な社会」をつくる

PM あなたの言う資本主義の「成熟」について、私なりの表現をすれば、「潤沢な社会」(society of abundance) への移行が、始まっているということです。ポストキャピタリズムの社会とは、すなわち「潤沢な社会」だと言えるでしょう。

斎藤 流行りの脱成長論とは真逆の主張で興味深いですね。

PM たとえば、安いボールペンをどこかに忘れても、よほどの思い出の品でもない限り探さないですよね。誰かが盗んだとしても、警察を呼んだりしない。なぜなら、すでにありあまるほど社会にボールペンがたくさん存在するからです。

潤沢にボールペンが存在し、低価格で供給されているのと同じように、近い将来大型家電も、さらには住宅までも格安で供給できるようになるでしょう。育児、医療、交通など、生活に必要なサービスについても、ＩｏＴを中心とする情報技術を使って生産コストを下げ、低価格で潤沢に供給できるようになるはずです。

そこまでいけば、「潤沢な社会」への移行が完全に行われたと言えるでしょう。

斎藤　これまでの経済学や経済政策は、モノ（財）には限りがある、つまり「財の希少性」という前提に基づいて組み立てられ、議論されてきました。ところが、これからの社会はむしろ正反対の状況、すなわち「潤沢さ」によって特徴づけられるようになる。

今の話によれば、この大きな変化を担っているのが情報技術です。現代社会でモノよりも多く、ありあまるほど存在しているもの、つまり情報が潤沢な社会のための鍵を握っているのだと。

PM　そうです、情報技術の発展が非常に重要です。このことはすでに二〇年以上前にピーター・ドラッカーが明確に指摘していたことです。彼は情報技術の特殊性に着目し、現在の資本主義システムが継続できないほどの変化をもたらすことに着目していました。[7] 二一世紀に入って、彼の予見の正しさが証明されているのです。

▼限界費用ゼロ社会の到来

斎藤　「潤沢な社会」との関連で言えば、あなたは、こんなことが起こると予測もしていますね。モノでも、サービスでも、一単位分を増やして生産するために追加的にかかる費用（＝限界費用）が、この先どんどん減ってゼロに近づいていくだろうと。

なぜ、そのような限界費用の逓減《ていげん》が起きるかと言えば、情報技術があれば追加的なコストなしに、瞬時に完璧なコピーの生産ができるからですよね。

わかりやすい例は音楽産業でしょう。インターネットを通じて、音楽が簡単にダウンロードされたり、シェアされたりするようになった。録音した音楽をCDにして販売するのが主流だった時代には、ディスクを製造しCDショップに流通させるために、一枚一枚に対してコストが余計にかかりました。

ところが、今では、一度音源さえ製作してしまえば、追加の費用をほとんどかけずに、世界中に広げていくことができます。同じことは、新聞・書籍、あるいはオンライン教育についても言えるはずです。

また、モノに関しても、情報技術によって生産コストを下げていくことが可能だとあなたは言っていますね。オープンソースに基づいた生産に関する知のシェアによって、分散的・水平的生産が可能になる。さらには、太陽光などの再生可能エネルギーはパネルの減価償却後には無償のエネルギー源になるし、ＩｏＴの発展によって、在庫管理や輸送などが最大限、効率化されていく。木材やガラスなど、素材のリサイクルも徹底化され、価格が下がっていくと。

たとえば、オープンソースのプログラムで駆動する３Ｄプリンタなどがわかりやすいでしょうか。３Ｄプリンタは小さなモノの立体コピーをつくるだけにとどまりません。３Ｄプリンタの技術を使って、住宅の建築も可能です。

実際、一棟六〇万円ほどの価格で、住宅を供給するプロジェクトをカリフォルニアのデザインスタジオなどがすでに始めています。[8] しかも施工にかかる期間はわずか二四時間だといいます。こうした技術がさらに発展、普及すれば、何千万円もかけて家を建てるのがばからしくなる。私たちの人生設計や働き方は、大きく変わるでしょう。

こんなふうに、情報技術のおかげでモノやサービスの限界費用がゼロに近づくようになり、市場システムが大きく変化するだろうとあなたは主張している。つまり、来たるべき「潤沢な社会」では、多くのモノやサービスが無料になっていく傾向がある。

PM　そうです！

斎藤　ところで、「第三次産業革命」の理論的主導者であり、メルケル独首相のアドバイザーとしても知られる未来学者ジェレミー・リフキンによる『限界費用ゼロ社会』[9]という本をご存知ですよね。

PM　はい。限界費用ゼロ社会に関しては、私とリフキンの重なる部分はおおいにあります。情報技術の発展で、限界費用がゼロになっていった時、何が起こるのか。それは、「価値の破壊」です。そして、このことが資本主義にやっかいな問題を生みだす可能性をリフキンは正しく認識しています。

斎藤　たとえば住宅の建築コストがゼロになれば、これまで数千万円した家の価値がゼロになっていくというのも「価値の破壊」ですね。

PM　情報技術に基づいた生産は、社会を便利にしていくわけです。飛躍的に実用性・効用を増大させますからね。ところが、実用性・効用の増大は、最終的に資本主義の現在の構造を突破するところまで突き進むのです。

斎藤　住宅以外にも、あらゆるモノの完璧なコピーが情報技術によって瞬時に製作され、その商品のコストがほとんどゼロとなり、無料のモノやサービスがあふれることになれば、市場における価格メカニズムそのものが機能しなくなる。つまり、利潤の源泉も枯渇して

図3　利潤の源泉の枯渇

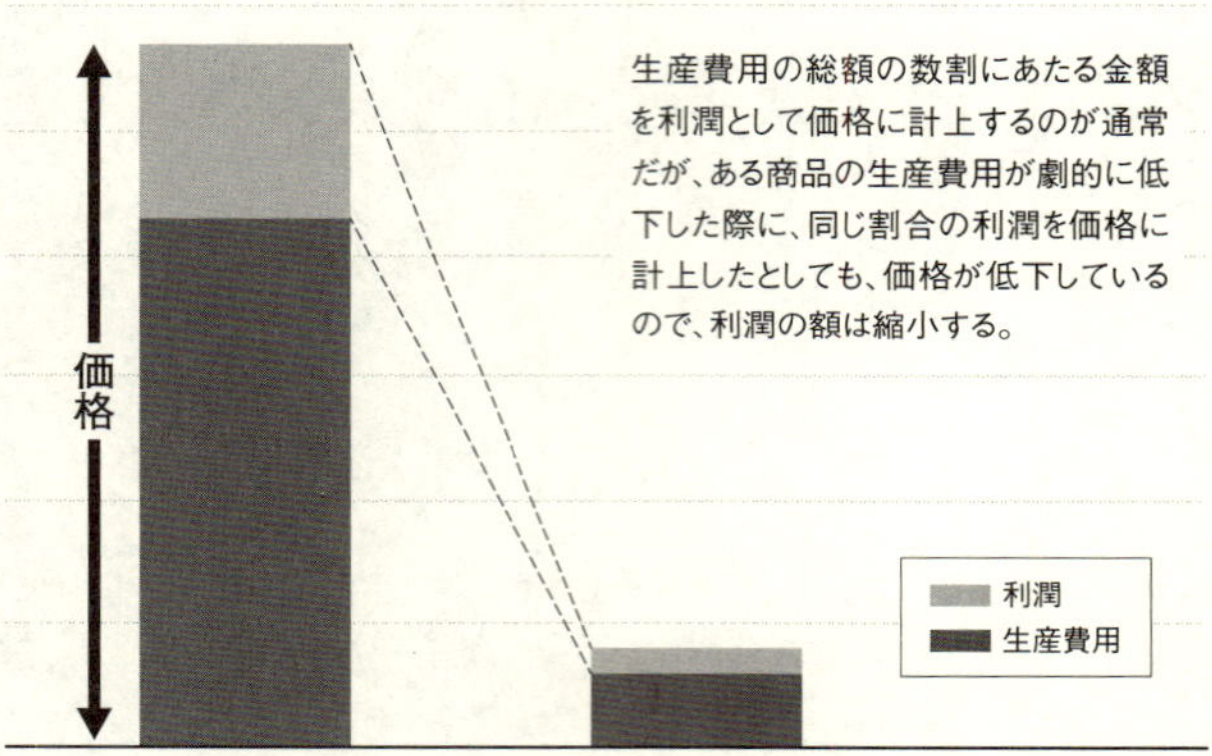
生産費用の総額の数割にあたる金額を利潤として価格に計上するのが通常だが、ある商品の生産費用が劇的に低下した際に、同じ割合の利潤を価格に計上したとしても、価格が低下しているので、利潤の額は縮小する。
価格
利潤
生産費用

しまう（図3）。

PM　しかも、ひとつの企業が無料に近いモノやサービスを開発・提供したなら、他の企業も追随せざるをえない。

こうして、さまざまな分野で限界費用がゼロになり、モノやサービスは無料に近づき、「潤沢な社会」をつくるための条件がそろっていくというわけです。

そして、あらゆるところで利潤の源泉がなくなれば、資本主義はこれ以上、資本を増やすことができないのだから、終焉を迎えることになる——。

ポストキャピタリズム社会の到来です。

▼ポストキャピタリズムへと導く四つの要因

斎藤　とはいえ、疑問もわいてきます。いくらテクノロジーが進んだといっても、ロボットはまだ洗濯物をたたむことすら代行してくれません。『ドラえもん』のような世界は夢のまた夢です。

ポストキャピタリズムを生み出すほどのインパクトを、情報技術は本当に社会に与えるのでしょうか。もしそうであれば、情報技術の経済社会への最終的な影響は、どのようにしてポストキャピタリズムへの道を切り拓くのでしょうか。

PM　おおまかに言って、以下の四点にまとめることができます。

①限界費用ゼロ

PM　ひとつめは、つい先ほども議論したことで、限界費用ゼロ社会の到来が資本主義を終わらせ、ポストキャピタリズムへと導いていきます。

情報技術は、モノの生産費用も、情報財の再生産費用もゼロに近づけます。このことが、利益獲得を難しくするという点については、先に話をしたとおりです。

社会的な生産全体をより速く、より安く、組織化するべく、情報技術は指数関数的に発展していくでしょう。そして、個々の資本家が独占的に利益を生み出すために使っているさまざまな手段を、情報技術は切り崩していきます。

斎藤　価格がゼロに近づいていけば、利潤を上げる生産活動が困難になっていくというわけですね。

②高度なオートメーション化と労働の定義の変化

PM　それから、情報技術はこれまでのレベルとは違う、高度なオートメーション化を急速に進めています。製造プロセスのありとあらゆる部分が、オートメーション化されようとしているのです。

しかも、モノをつくる道具の製作自体もオートメーション化され、ロボットが人間より正確に道具をつくるようになってきている。私たちが目撃しているのは、みずからのニーズに応じて、生産を行うことのできる機械の出現なのです。

斎藤　生産過程において人間の労働が不要になれば、強制的な労働から人間が解放される可能性が出てきますよね。労働時間を大幅に短縮できる可能性がある。

PM　そう、大幅に余暇が増える可能性があるのです。

このオートメーション化と並行して生じている重要な変化は、仕事の時間と仕事をしていない時間（「生活」）の区別が曖昧になってきているということです。

たとえば、スマートフォンやタブレットなどのデバイスを気軽に持ち歩けるようになりましたよね。それを使って、いつでもどこでも、まじめな労働と楽しい非労働の両方を行うようになっています。

斎藤　高度なオートメーション化が、労働時間を短縮し、余暇を増やす。それと並行して、情報技術が、労働の定義を変え、労働と余暇の関係性も変えていくというわけですね。

PM　そうなんですよ。私が自宅でウィキペディアの項目に書き込みをしていたら、これは労働なのか、余暇の趣味なのか……。

斎藤　趣味だと多くの人は答えるのではないでしょうか。

PM　では、もしどこかの編集部に私が出かけていって、そこで記事を書いたら、どうでしょう。これは明らかに仕事ですが、ウィキペディアに書き込むのも、事実を確認しながら、わかりやすい文章にまとめるという点では、同じ作業です。ところが、ひとつは仕事とみなされ、もうひとつは余暇の趣味だとみなされる——。

けれども本当は、ウィキペディアへの書き込みも余暇に行う個人の趣味ではありません。単に報酬が伴わないというだけで、社会的で協働的な仕事なのです。仕事と賃金が切り離されるようになってきているのです。

斎藤　たしかに日常のさまざまな分野で、今は趣味とみなされている、社会的協働がすでにたくさん存在していると言えそうです。

今のお話で鍵となるのが、知識ですよね。知識は本来、一人ひとりで独占できるものではない。というのも、知識を発展させるためには、他人から学び、みずからの知見を議論や批判を通じて、洗練させていかねばならないからです。知識には、他者との社会的協働という媒介が不可欠で、その意味で、最終的な知識は、誰かひとりに帰属させることはできません。今の社会では、特許などの制度によって、共有を妨げているわけですが。だからこそ、もっと知識をオープンなものにしていこうという動きがいろいろ出てきています。ウィキペディアもそうですし、リナックスも、そのような社会的協働が生み出す新たな可能性の例としてしばしば取りあげられますね。

さらに言えば、情報技術はシェアリングエコノミーのような新しい協同型経済のあり方も生み出しました。ビジネス化された自動車のシェアや民泊などが目立っているので、誤解されやすいのですが、本来のシェアリングエコノミーは利潤や排他的所有を追い求めるのではなく、むしろ、他人とのつながりや共有を重視している。

いずれにせよ、知識やサービスがネットワーク化を通じて実現するようになってくると、生産過程も生産物も排他的独占とはなじまないことが判明するわけです。その結果、資本主義の根幹部にある「私的労働」や「私的所有」という考えが揺らぎ始めています。

PM　そう、ポストキャピタリズムへ移行するための鍵のふたつめは、そうした社会的知に媒介された協働的な仕事が主流になることです。国家や市場から人々の活動を切り離して、「誰にも所有されない生産物」(non-owned products) を作り出すことが生産の主流になれば、資本主義は終わります。

斎藤　この話は、マイケル・ハートとも議論した〈コモン〉の概念を彷彿とさせますね。

③正のネットワーク効果

PM　そして今の話が、まさに三つめの要因につながっているのですが、それがネットワーク効果です。インターネット上での人々のつながりが、新しい実用性・効用を創出します。要するに、「正の外部性」と呼ばれるものです。

経済学は、二〇〇年間にわたって「外部性」という概念と格闘してきました。たとえば、あなたが工場の所有者で、私が漁師だったとしましょう。工場が汚水を海に垂れ流し、そのせいで魚が減ってしまったら、私は困ってしまう。誰かが排水の浄化装置をつけるべきなのですが、企業が自発的に公害対策を行うはずがない。そうすると、国家が工場に課税したり、法律をつくって処罰したりするしかない。

斎藤　それぞれが合理的に振る舞えば、神の見えざる手が働いて、市場はうまくいく、というのはアダム・スミスの言ったことですが、実際には市場原理がうまく働いていても、市場取引参加者以外に損失が生じる場合がある。それを、経済学では「外部性」と呼んでいますね。公害の例は、「負の外部性」です。

ＰＭ　「負の外部性」の場合、それらをどのように罰するか、ということが問題になります。ところが、「正の外部性」というものもあるのです。

斎藤　知識に関する事例をあげれば、ある研究成果が別の研究を促進するというようなケースが、「正の外部性」です。

インターネット上で人々のつながりが増大するネットワーク効果が発揮されている現代では、新しいアイディアやサービスの可能性が次々と生まれてきています。その結果、大学の予算カットのせいで手に入れられない論文をフェイスブック上で手に入れたり、レストラン批評サイトのおかげで、知らない土地でも美味しいご飯を食べられたり、私も日常的に恩恵にあずかっています。

しかも、それは市場を経由しない形での恩恵ですから、まさに「正の外部性」です。

PM　ネットワーク効果によって生み出された、「正の外部性」が広がり始めると、そこで生まれる問いは、どう罰するか、ではなく、その正の効果を誰が所有すべきか、というものになります。

たとえば、一九六〇年代に私の父は工場労働者でしたが、その時代には、労働者は働いた時間分の賃金をもらい、残りの利潤のすべてが工場の所有者のものになるということに、誰も疑問を抱きませんでした。

ところが、今はどうでしょう。フェイスブック上では、何百万人もの人々が交流するなかで生み出されたデータが存在し、それによってフェイスブックは利益を出しています。しかし、そのデータという成果を誰が所有すべきなのか。この問題は、簡単に決まらない、論争の的ですよね。その成果の所有者は、フェイスブックのユーザーたちなのか、社主のマーク・ザッカーバーグなのか、明白ではないからです。

斎藤　もしその成果がユーザーに属しているなら、私たちは搾取されていることになりますね。

PM　あるいは、情報を大量にもつウィキペディアを誰が所有しているのか、はっきりしないのです。おそらく法律的には、創始者のジミー・ウェールズが所有していることになるのでしょうが、ウィキペディアはオープンソースによる生産物です。

ネットワーク効果が誰に帰属するものなのか、その割り当てを突き詰めて考えることは、資本主義に挑戦することにつながるんですよ。

斎藤　社会的なネットワークによって人々がつながることでのみ生まれる効果があるとしたら、その成果を私的所有という形で一企業が独占してしまうことは許されない。だからネットワーク効果は、私的所有を前提とする資本主義経済と相容れないものを生み出していく――。

ネットワーク効果は、資本主義以外の社会を垣間見るための力を秘めているということなのですね。

④情報の民主化

PM　そして、ネットワーク効果が私的な排他的所有となじまない、という点と関連するのですが、四つめのポイントとして、情報技術が、情報の民主化を促進する、ということがあげられます。
たとえば、もしアマゾンのキンドル上で、スペルミスなどの間違いを誰かが発見した場合、翌日には訂正されて、誰もが即座に新しいバージョンをダウンロードできる。あるいは、アプリなどでも改善点があれば、すぐに新バージョンが用意され、ダウンロードできるようになっている。これは非常に便利ですよね。

斎藤　たしかに便利ですが、ポストキャピタリズムとは、あまり関係がないようにも思えます。

PM　いえいえ、この変化を過小評価してはいけません。オープンソース空間では、多くの人々が文字どおり管理されずに、ヒエラルキーのない水平的なネットワークにおいて協働しています。その結果、組織もヒエラルキーも所有権も断片化・弱体化し始めています。
どういうことかと言えば、ここでも、ウィキペディアが典型でしょう。たとえば、ナポレオンについてのページを執筆するよう、企業がどこかの教授に依頼しているわけではありません。誰かが委員会の真ん中に座って、ページを作成するようなヒエラルキーでもない。執筆・作成に自発的にかかわりたいという人々を、ウィキペディアというプラットフォームが手助けしているに過ぎないのです。ページを書き込んだり修正したりする人々の相互作用を通して、ナポレオンについてのページが改善されていきます。

ここでもっとも重要なことは、ウィキペディアのような仕組みは、費用がかかりすぎるため、民間企業がビジネスとして成立させることができない、という点です。仮に、ある企業が莫大な費用を投資して、ウィキペディアに似たサイトを構築したとしましょう。しかし、再びウィキペディアのような人々の協働で成立する無料のサイトが出現してきたら、投資した分を回収できない企業は撤退するしかない。

斎藤　なるほど、ここでも資本主義の原理からは出てこない無償の社会的協働が資本主義の生産力を上回るような形で、現れてきているというわけですね。そして、それらが情報社会の発展を担うイノベーションの源泉になっている。

PM　ええ。キンドルやウィキペディアだけでなく、3Dプリンタのような機械も常に新しい情報を通じて、アップデートされ、生まれ変わるようになるのです。

新しい技術がもたらす経済的影響は、今後数十年で革命的な変化をもたらすでしょう。これは、資本主義がこれまで対処したことがなかったような変化です。

斎藤　大きな変化が起きているのはわかりました。では、①限界費用ゼロ効果、②オートメーション化、③正のネットワーク効果、④情報の民主化という四つの要因が結びつくことで、立ち上がってくるポストキャピタリズム社会とは、どんなものなのでしょう。

PM　ここまでで話をした四つの要因の影響をまとめると、情報技術の発展によって、利潤の源泉が枯渇し（①）、仕事と賃金は切り離され（②）、生産物と所有の結びつきも解消されるでしょう（③）。そして、生産過程もより民主的なものになっていきます（④）。

その結果生じるのは、人々が強制的・義務的な仕事から解放され、無償の機械を利用して必要なものを生産する社会です。そして、一〇〇％再生可能エネルギーと天然資源の高いリサイクル率が実現される「潤沢な社会」となるでしょう。

斎藤　情報技術の発展に伴い、人々のあいだの社会的協働が増えていき、新たなネットワークが生まれていく。これが、新しい協同型経済へ導いていくのだと。

PM　ええ。情報技術の発達によって、協同型経済が台頭してきているのを私たちは目撃しています。持続可能な協同型経済の完成形が、ポストキャピタリズムなのです。

もちろん、さまざまな分野でかなり大きな変化が生じなくてはならないため、潤沢な社会を実現するためには、比較的長い移行期間が必要となりますが、移行は始まっています。

斎藤　その話もマルクスの議論を彷彿とさせますね。

資本主義は、人々を競争に駆り立てながら、生産の規模を拡張し、社会的な生産力を高めていく。そのような形で資本主義は成功を収めていくのですが、資本主義が労働と生産を社会化していくなかで、協同型経済が生まれ大きくなってくると、状況が変わってきます。協同型経済のなかで、社会的生産力の果実を資本家という私的個人が独占すれば、生産力のそれ以上の発展の邪魔になる。[10]つまり、資本主義はうまくいくことで、最終的には、失敗してしまうのです。マルクスはそれを「資本の真の制限は資本そのものである」と喝破しました。[11]

▼資本主義の終焉期のジレンマ――情報経済では債務返済が不可能

PM　良いニュースは、ポストキャピタリズムの実現が可能だということです。ポストキャピタリズムを、大規模で実現するための方法を考える人々も出てきています。

国家も、ポストキャピタリズムの萌芽を育てるべく、立ち上がってきた協同型経済を保護するための規制やルールをつくるべきでしょう。一九世紀初頭の政府が、資本主義を確立するためにさまざまな規制や保護を行ったのと同じようにね。逆に、機能不全の資本主義を永続させるだけのゾンビ経済の保護はすぐにでもとりやめるべきです。

一方で、悪いニュースもあります。古いビジネス・モデルにしがみついている人々が大勢いて、新しい時代に何が起きているかを理解していないのです。既存の政治エリート、経済エリートたちは、この自由市場システムこそが、想像しうる限り、一番完璧に近いシステムであると信じ込んでいます。

しかし、現在の経済システムは完璧とはほど遠いものです。

斎藤　限界費用ゼロが、資本主義に危機をもたらすという点はリフキンも指摘していますよね。実際、彼の本のサブタイトルには、——残念なことに日本語版では消されていますが——「資本主義の凋落」という言葉が入っています。

このことは実に象徴的です。海外では、リフキンのような左翼でも何でもない人物が、あなたと同じように、そうした変化のラディカルな帰結について問題提起している。ところが皮肉なことに、日本ではタイトルの変更によって、古いビジネス・モデルを信じる人々にも受容されて、売れている。それに比べるとあなたの本はラディカルすぎるのかもしれない。

PM　実はこの資本主義の危機という部分に、リフキンと私の議論を明確に区別するポイントが含まれています。私の分析の要は、新しい情報技術への賛美と、一〇年以上にも及ぶ不良債権危機という、一見無関係なふたつの出来事を結びつけるところにあるのです。

情報技術の発展がどれほど大きなインパクトをもたらすものなのかは、ここまで話をしてきたとおりなので、不良債権危機について、もう少し補足しておきましょう。

世界的に見て、公的債務の対GDP比率が、異例の高水準に達していますよね。経済成長率が歴史的に見ても非常に低いレベルにとどまっているため、「普通の」資本主義を維持するために、このような莫大な債務が必要となっているのです（図4）。

しかし、その実態と言えば、金融に過大に依存しつつ、実体経済では低賃金労働を人々に強いているだけです。要するに、既存のシステムを最善と信じて疑わないエリートたちこそが、資本主義の機能不全を生み出しているのです。

斎藤　日本がその先頭を走っているようなものですが、大量の国債を発行し、借金を増やしながら、何とか経済を維持しています。

PM　この膨大な債務は、二一世紀半ばまでに爆発的な価値創造が起きなければ、返済不可能になるはずです。

もちろん債務を回収不能と判断して、「債務帳消し」にしてしまうこともできますよ。国家がデフォルトすることだってありますからね。しかし、そうなれば、家計や企業や銀行は破綻する。だから、残された選択肢は、量的緩和であり、景気刺激のための財政出動

図4　公的債務の対GDP比率の推移（先進20カ国）

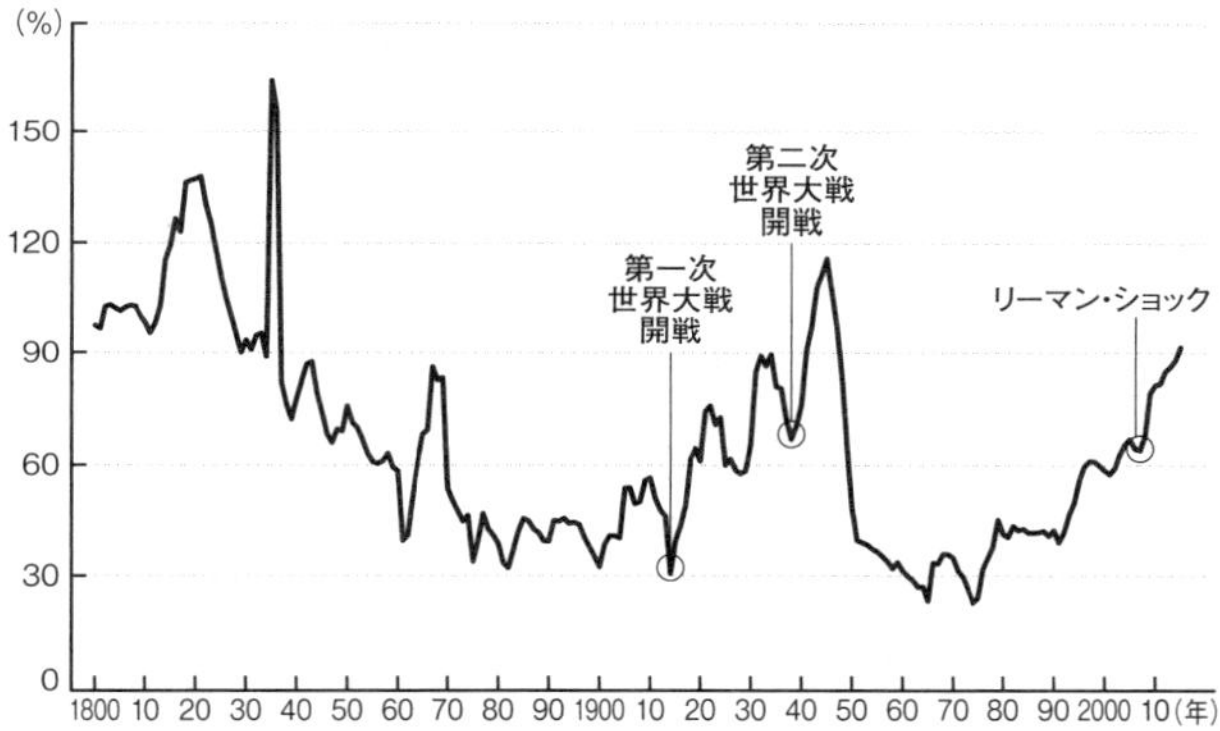

IMF Historical Public Debt Database をもとに作成

であり、終わりなき借り換え、繰り延べ、そんな類いのことばかりなのです。

けれども、これほどの債務を返済するのに十分な価値を、二一世紀半ばまでに創造することができるでしょうか。

問題の核心は、情報経済に移行すると、（限界費用がゼロになることで）価値が生まれなくなるということです。情報経済は価値を生み出さず、むしろ価値を時代遅れで、無意味なものにしてしまいます。

斎藤　情報技術に基づいた新しい経済では、不良債権危機を乗り越えることはできないということですね。

PM　だからこそ、資本主義ではない社会、つまりポストキャピタリズムの社会を構想し、早急な移行を私たちの手で実現する必要があるのです。

斎藤　私たちがポストキャピタリズムの社会に意識的に移行することを声高に要求していかない限り、危機と停滞は持続し、いっそう深刻化していく。これは資本家にとっても悪いニュースでしょうね。

しかも、資本家が不良債権危機と経済停滞を克服しようと、情報技術の発展を推進するならば、彼らもまたポストキャピタリズムへの移行を助けることになる。ところが、何もしなければ、危機と停滞は続く。

最悪なのは、資本主義から完全に抜け出すことなく、情報経済に移行することです。そうなれば、債務危機は解決せず、いずれ破綻してしまう。

瀕死の状態にある現代の資本主義が直面しているのは、こうしたジレンマ、いやトリレンマだというふうにまとめられるかもしれません。

第二章　資本の抵抗——ＧＡＦＡの独占はなぜ起きた？

▼ポストキャピタリズムへの移行を阻む四つの要因

斎藤　情報技術の時代には、早晩、資本主義が立ち行かなくなるという議論が第一章の中心でした。

ただ一方では、現実に情報技術が引き起こす、ネガティヴな影響もたくさん出てきています。今、さかんに批判されるようになってきているのは、ＧＡＦＡと呼ばれる巨大なプラットフォーム企業による独占です。

個人のデータのプライバシー侵害や監視社会も問題になっていますし、経済的不平等、大量の失業、環境破壊など、人々の不安は増すばかりです。

PM　誤解しないでください。私はそうした危険性をもちろん認識しています。テクノロジーが自由な社会を自動的に生み出すという内容で本を執筆していたら、もっとお金を稼げたはずですけれど、そんな無責任なことはできませんから。

既存のシステムがすでに壊れていて機能していない以上、解体して新しいシステムをつくらなければなりません。新自由主義を放棄し、グローバリゼーションを抑制しない限り、世界システムの崩壊があるだろうと私は二〇一五年の段階で予測していたわけですが、今や、残念ながらそれが正しいことは証明されました。米中の貿易戦争、ＷＴＯや国連の機能不全、イギリスのＥＵ離脱（ブレグジット）をめぐる混乱などがその現れです。

だからこそ、ポストキャピタリズムにできるだけ早く、意識的に移行する必要性が高まっています。

しかし、現在、資本主義のもとで目立っているのは、ポストキャピタリズムへの移行を促進する四つの要因に対して、抵抗する動きです。しかも、そのせいで、資本主義はますます機能不全に陥っているのです。

斎藤　それが経済のゾンビ化というわけですね。

資本主義はその誕生以来、さまざまな状況や危機に適応するために、そのシステムを変化させてきましたが、そうやって適応していくにも、ついにその弾力性の限界を超えつつある。新たに台頭してきた情報技術の力に適応できないどころか、情報技術のさらなる発展を妨げるようになっているのですね。

PM　ええ。先ほどはポストキャピタリズムへと導く四つの要因を挙げましたが、その四つに抵抗する資本の動きを具体的に見ていきましょう。

①市場の独占――限界費用ゼロ効果に対する抵抗

PM　まず、限界費用ゼロ効果に抵抗して現れてきたものは、何か。大規模な市場の独占です。市場を独占すれば、生産コストよりも価格を大きく押し上げ、儲けを獲得することができます。

斎藤　たとえば、スマートフォンの市場で大きなシェアを握るアップル社は、原価およそ四万円強と言われるiPhoneを二倍以上の値段で売ることができる。

限界費用ゼロ社会では、価格がゼロに近づき、利潤の獲得が難しくなりますが、市場を単一企業で独占するか、少数の企業で寡占の状態にもちこめば、価格を引き上げたり、維持したりすることができる。特許なども独占を助ける知的財産制度ですよね。

大資本による独占は、資本が利潤を確保するための極めて古典的な手法ですが、社会的生産力の発展を妨げることにつながります。

②ブルシット・ジョブ——オートメーション化に対する抵抗

ＰＭ　次に、オートメーション化への抵抗とは何でしょうか。存在しなくてもいい何百万という不安定な雇用を創出することです。デヴィッド・グレーバーが「ブルシット・ジョブ」（クソくだらない仕事）と呼んでいるものですね。

斎藤　オートメーション化が進めば、人手がいらなくなり、雇用は減る。だからこそ、「ブルシット・ジョブ」だろうが、何だろうが、雇用創出が必要なんじゃないのかと考えてしまうと、ここは少し飲み込みにくいポイントかもしれません。

私自身も、「ブルシット・ジョブ」については、オートメーション化との関連で、あなたにぜひ、聞きたいことがあります。第一部で、マイケル・ハートとも「ブルシット・ジョブ」について話をしましたが、ポストキャピタリズムを構想するうえで非常に重要な概念ですので、これについては、第三章でじっくり議論しましょう。

③プラットフォーム資本主義——正のネットワーク効果への抵抗

PM　では、正のネットワーク効果への抵抗とは何かを考えてみましょう。社会的ネットワークが生み出す正の効果を資本が利潤として吸い上げるためには、プラットフォームを独占するという方法があります。フェイスブックやウーバーがやっているようにね。

斎藤　プラットフォームなしに、ネットワーク効果は生まれないので、そのプラットフォームをあらかじめ私企業が独占してしまうという抵抗の仕方ですね。

たとえば、ドライバーと乗客のマッチングを行うプラットフォームでビジネスを行うウーバーは、プラットフォームの利用料を徴収しています。私も今回のロンドン滞在で、初めてウーバーを利用して便利さに感動しましたが、ドライバーはウーバーに憤っていました。参入したての頃に比べて、ドライバーの取り分は減らされているのだそうです。プラットフォームの利用料、つまりウーバーの取り分が増えているのでしょう。こうしたことも、市場を独占しているからできることです。

PM　ええ、独占を通して、莫大な儲けを獲得し続けることのできるビジネス・モデルを形成する。これが、正のネットワーク効果への対抗になりえます。

グーグルは個人の情報の集積であるビッグデータを販売している。アマゾンは獲得した個々人の嗜好も含む細かな情報で、次の買い物に誘導しようとする。

個々の市場で、独占的な地位にいる私企業は、ネットワークから生まれるデータやサービスを中心とする成果をすべて吸収し、ビッグデータとして管理・分析し、そのネットワーク効果へのアクセス権を売ることで利益獲得を行っています。こうした利益は「レント」と呼ばれるものにあたり、レントのあくなき追求、つまりレント・シーキングが現代の「プラットフォーム資本主義」の特徴になっているのです。

④情報の非対称性をつくり出す——情報の民主化への抵抗

PM　そして、情報の民主化への抵抗として、生まれたものは何でしょうか。情報の非対称性です。プラットフォームを独占している企業は、信じられないほど大量の情報にアクセスすることが可能です。情報をコントロールするプラットフォーム企業と情報をコントロールされる側の情報量の差は、みるみる広げられていきました。情報の民主主義への抵抗として、情報の非対称性がつくり出されたのです。

斎藤　ウィキペディアのようなオープンソース空間では、水平的なネットワークにおいて人々が協働していて、情報の民主化が進むだろうという話を先ほどしましたが、ＧＡＦＡやウーバーのようなプラットフォーム企業の動きには、水平的なネットワークとはまったく逆の監視や処罰といったヒエラルキー的な方向性が見え隠れしていますね。

▼デジタル封建主義の時代？

斎藤　資本主義の機能不全についての今の議論するなかでも「独占」という問題が何度も出てきたように、独占の問題について考えることが、ポストキャピタリズムを生み出すためには不可欠でしょう。

まず、独占とは非民主主義的ですよね。だから、独占的な地位にいるＧＡＦＡに対して、どのように民主主義的な規制をつくっていくかということは、本当に大きな課題です。とくに、ポストキャピタリズムを生み出す手段として、あなたが主張するような形で情報技術を用いようとするなら、なおさらです。とはいえ、事態は悪化するばかりで、グーグルなしの生活はもはや考えられないものになっていて、それに合わせて、富の集中もどんどん進んでいます。

デヴィッド・グレーバーは、富がごく一部の手に集中し、競争原理も機能していない、現代資本主義を「封建主義」と呼んでいます。[12] ホモ・エコノミクス（自由に合理的に経済的な判断をする人）というそのイデオロギーにすら、現在の経済システムは基づいていないからです。グレーバーの指摘と、あなたの言ったことを合わせるなら、一%の特権階級が富だけでなく情報をも独占し、レントを徴収する「デジタル封建主義」が生まれつつあるのかもしれません。

PM　現段階を封建主義と呼ぶには、少し早いように思います。デジタル封建主義が、社会システムとしてまだ確立しているわけではないので、その言葉は強すぎますね。とはいえ、将来的には、デジタル封建主義と呼ぶべき状況がやってくることは十分考えられますし、デジタル封建主義を成立させる要素は、現在でもすでに存在しています。

▼自由市場の機能不全と資本主義の黄昏

PM　資本の側からの抵抗として現れている四つのもの——独占、ブルシット・ジョブの創造、プラットフォーム資本主義、そして、情報の非対称性——はすべて、アダム・スミスが想定する資本主義の世界なら、とっくに消滅しているはずのものです。これら四つは、いわば市場の失敗です。自由市場において、こうした市場の失敗が常態化するはずはないと、古典派経済学者なら考えます。

つまり、私たちが生きているのは、自由市場ではない反競争的な資本主義なのです。フェイスブックがSNSを独占し、グーグルが検索エンジンを独占し、アップルがスマートフォンを独占するというように。

それに、ウーバーやAirbnb（エアビーアンドビー）といった新しい企業は、熟練を要する仕事をまったく生み出しません。増えているのは、租税回避ばかり。現在の資本主義は、想像しうるもっとも反社会的な資本主義のひとつなのです。

斎藤　結局そうした資本主義のあり方は、社会的協働や「正の外部性」の発展を妨げてしまうわけですよね。

PM　こういった動きに対して、私の要求は実はとてもシンプルです。適切な状態にまず戻そうと言っているだけなんですよ。オフショアで租税回避できるシステムをやめさせよう、独占を続ける企業に規制をかけようということです。

斎藤　あなたの要求はシンプルですが、それが実現されれば、資本主義システムそのものを壊すことになるからこそ、その実現は非常に困難なことかもしれません。実際、既存のリベラル・左派政党も、そういった要求をあまりしていません。

そもそも、現在のグローバル化した資本主義のもとで、資本家に対する労働者の立場がますます弱くなっているだけでなく、国民国家とグローバル資本のあいだのパワーバランスまで逆転していて、野放しの資本に歯止めをかけることが困難になっています。

オフショアへの租税回避の禁止ができないどころか、国内で法人税や所得税を上げることもできていません。グーグルなどへの規制も欧州議会で議論はされていますが、抜本的な解決策は見出せていない状況です。

PM　官僚、中道、リベラル、そして進歩的左派の大部分には、根本的な問題があります。彼らはどのような世界に我々が住んでいるのかを理解できていないのです。

リベラル派は自問自答しています。どこをどう間違えて、人々の態度が、こんなふうになってしまったのか、と。大衆がなぜ自分たちの期待どおりに行動しなくなったのかをリベラル派は疑問に思っているのです。しかし、そんな問いしか立てられないなら、現状の改善にはまったく役に立ちません。

斎藤　もっと大きな、数百年単位でのパラダイム・チェンジが、現在、起きつつあることをまずは認識しなくてはならない、ということですね。

そうした大きなビジョンがポストキャピタリズムとして、欧米では議論されていることをうらやましく感じます。日本のアベノミクスへの対抗言説も、結局は経済成長による再分配を唱えるだけに終始しがちですが、この大分岐の時期にそれだけでは不十分です。現在、我々が直面している危機を資本主義と関連づけて、もっとラディカルな解決策を提示していく必要があります。

PM　ええ。世界システムが根本的に壊れていることを認識しなくてはなりません。私たちには、現代版ケインズが必要です。福祉国家を設計したウィリアム・ベヴァリッジのような存在が欲しい。ルーズベルト政権がブレトンウッズ後の世界秩序を設計させたハリー・デクスター・ホワイトも……。

古いシステムが壊れているからこそ、万人のための新しいニューディールが必要なのです。

第三章　ポストキャピタリズムと労働

▼オートメーション化は脅威か、福音か？

斎藤　前章で見たように、資本主義ではない新しい社会をつくり出そうとすることには、当然、資本の側からの大きな抵抗があります。

しかし、資本の抵抗とは別に、あなたの提案するポストキャピタリズムには、資本からだけでなく、労働者の側からも抵抗があるかもしれないと思うのです。気になるのは、先ほど宿題にしておいたオートメーション化の問題です。伝統的な左派の見方からしても、

オックスフォード大学の予測した消える職種・消えない職種

消えると予測される職種	消える確率	消えないと予測される職種	消える確率
電話マーケター（販売営業）	99%	小学校教師	0%
スポーツの審判	98%	臨床心理士	0%
弁護士補助スタッフ	98%	内科医・外科医	0%
一般的な事務員	96%	キュレーター	1%
ネイリスト	95%	看護師	1%
小売・販売員	92%	弁護士	4%
ローン審査員	92%	歌手	7%
カフェ店員	91%	警察官	10%
タクシー運転手	89%	美容師	11%
建設労働者	88%	ソフトウェア開発者	13%

コンピュータ化によってアメリカの労働市場から消滅する確率。
THE FUTURE OF EMPLOYMENT, Carl Benedikt Frey and Michael A. Osborneより作成

オートメーション化は労働者にとっての脅威とみなされているからです。

今後、十数年のうちに多くの仕事が「消える」と発表した、有名なオックスフォード大学のリサーチがありますよね（表）[13]。実際、この予測が当たるかはさておき、大きな変化が起きる可能性は高いでしょう。

しかし、こうした仕事の消滅が、人々に解放をもたらすのでしょうか。先ほど、あなたは、労働と賃金の関係がオートメーション化によって切り離されるという指摘をしていましたが、労働に賃金が伴わないということは、現実に生きる人々にとっては、まったく解放的な出来事ではありません。労働をしても、生活に十分な賃金を得られないというのなら、

どうやって生きていけばよいのか……。
フル・オートメーション化についてのあなたの主張を人々にどうすれば納得してもらえるでしょうか。

PM　ロボットについて肝心なことは、ロボットはオートメーション化を促進する道具にすぎないということです。人間が行っている仕事を代替するだけのロボットには何の問題もありません。問題が起こってくるのは、人工知能（ＡＩ）と機械学習が社会的に正しく用いられていない時ですが、それはまた別の話です。
まだモノが希少で、生産を行う労働が重要視されていた時代に、人々が自分のアイデンティティのすべてを「私は世の中のために働いているのだ」という意識に依っていたのは、理解できます。私の父親や祖父の世代では、まさにそうだったし、働くということが、高い社会的結束力と幸福を生み出していました。

斎藤　仕事によって形成されるアイデンティティや結束力、幸福感などは、まさに機械の導入が破壊しつつあるものですよね。
たとえばシリコンバレーのインスタグラム社は、デトロイトで自動車産業が崩壊したのを補うだけの新たな雇用を生み出しません。それが人々の不安の原因となっています。

完全雇用は良いことで、失業は悪であると多くの人は信じているのです。これはおそらく左派・右派両方が同意する数少ないポイントのひとつでしょう。

PM　それは事実ですが、私たちはまた別の角度から問題を見るべきです。オートメーション化が進んでいるために、必要のない多くの仕事が存在するようになっていることに注意を向けるべきです。

斎藤　強制的・義務的な仕事から解放されるという点について言えば、それはもちろんそうですね。モノがあふれる「潤沢な社会」に近づいている現代でも、週四〇時間労働という慣行を私たちは続けていますが、それが正しいことだとも思えません。

週あたり四〇時間という労働慣行は、マルクスの生きていた時代にすでに、アメリカの一部では実現していました。日本で言えば、幕末・維新の時代です。それから、一五〇年が経ち、当時と比べたら、生産力は爆発的に増大しています。にもかかわらず、私たちは長時間労働を強いられ、生産を続けている。労働時間を減らしたほうが良い、というのは自明でしょう。

無駄な生産活動をやめることが、環境負荷を減らし、地球を救うための最善の方法でもあるのですから。

PM　多くの人々が——少なくとも西洋社会では——やるべき仕事を終わらせた後でも、作業時間を埋めるためにやるべきことを見つけています。現状のレベルのオートメーション化であっても、一日の作業時間を短縮することは可能です。一日六時間、あるいは週休三日制は簡単に実現可能でしょう。実際、スウェーデン政府は試み始めています。

斎藤　私もその意見に賛成なのです。

ただ、それでも軽く見ることができないのは、勤労を熱望している人々がいるという事実です。オートメーション化に対して不安を感じている人々は、普通に働いて、普通の暮らしをすることを望んでいる。

なぜなら、労働の場は、多くの人々にとっては非常に重要な社交の場であり、自己実現や社会的承認の場でもあるからです。労働は人生を充実させてくれるものなのです。

PM　しかし、たとえば、ビルの清掃スタッフたちを取材すると、彼らが、ほとんど誰とも会話をせずに、孤独に半日の仕事を終えていることがわかります。イギリスでは、清掃スタッフたちは業務の開始も終了も、テキストメッセージで会社のマネージャーに連絡するだけです。オフィスにいるマネージャーたちも、自分の上司に、四時間の清掃作業が行われたことをパソコンのシステム上で報告するだけです。実際、誰も清掃の実態をチェックしていないし、管理もしていないのです。

斎藤　仕事が、社会的承認や自己実現の場であるとは限らない。そして、その仕事の成果に対しても、期待がされていない、と。

PM　清掃業務も、形だけの業務終了報告も、じきにオートメーション化できるものですよね。人が行う仕事としては、もうじき消えてなくなるサインが出ています。

むしろ大事なのは、仕事以外の生活・人生があることを人々に伝えることです。雇用創出にこだわるのではなく、人間性に重きを置いた生活をつくり出すことのほうが重要です。その重要性を人々に伝え、納得してもらうことが、私たちの一番の課題です。

斎藤　高賃金で労働する機会を求めることが最大の目標だという考えに、私たちは、とらわれすぎていると言えそうですね。「より多くの仕事とより多くの賃金を！」という勤労倫理は、あなたの考えとは真逆です。

PM　そう、時代遅れの勤労倫理が問題なのです。週末も人々は本当に一生懸命に「働いて」いますよ。ジムにも行くし、公園でサッカーもするし、他にもさまざまな活動をしています。人々は、余暇の時間に、充実した、疎外されていない「仕事」をしているのです。

▼資本の支配とブルシット・ジョブ

斎藤　しかし、技術の進歩とネットワークを通じた社会的生産力の増大を「楽観的に」捉えるビジョンがひとつ見落としているように思われるのは、情報技術の発展は、資本の支配を強化することにもなりかねないという点です。

オートメーション化が進めば、資本にとって余分な労働者を生み出していくことになります。既存の仕事を、給与の安い非熟練労働者にどんどん置き換えていくことも簡単です。そうなれば、仕事を求める労働者同士の競争が激しくなり、労働条件の悪化、つまり、長時間、低賃金、不安定な雇用を生み出すことになる。

実際、インターネットを通じて単発の仕事を発注するギグ・エコノミーが大きな問題となっていますよね。先ほども触れましたが、ウーバーのドライバーたちの労働条件は社会問題になっていますし、彼らのストライキも大きな注目を浴びています。

PM　もちろん、そうなのですが、イギリスではこんなことも起きています。ブルシット・ジョブの典型例をお話ししましょう。

一九九九年頃、イギリスでは、ガソリン・スタンドの全自動洗車機で洗車をするのが当たり前でした。人の手で洗車をする人はほとんどいなかったのです。

ところが、現在では自動洗車業界は崩壊し、四〇〇〇台あった自動洗車機は一〇〇〇台にまで減っています。ではどうやって車を洗っているかって？　低賃金の移民労働者たちが――彼らの多くは不法移民なのですが――機械の代わりに洗車を行っているのです。[14]

「無意味な雇用を創出しなければならない」と主張しながら、法案を可決させた人はいません。しかし、資本主義の擁護者たちが雇用創出の成果を祝うやり方には非常に興味深いものがあります。トランプは、しょっちゅう、こうツイートします。「私たちは三〇万人分の新しい雇用を生み出したぞ！」。

その際、雇用の質を気にする人は誰もいません。誰も労働時間の長さを気にかけず、賃金の水準維持も気にしていないようです。

資本が気にしているのは、賃金を可能な限り低く抑えるということだけです。

一方、低賃金であれ、劣悪な労働条件であれ、新たな雇用が創出され続ける限り、ブルシット・ジョブは政権維持の役には立つ。トランプ的資本主義のためになっているのです。機械化できる仕事を、わざわざ大勢の人にやらせるのは、共産主義時代のソ連の経済を彷彿とさせますがね。

斎藤　肉一切れを売るのに、店員が三名もぞろぞろ出てくるソ連時代の非効率な百貨店みたいだとグレーバーも揶揄していますが、要するに、社会全体の生産力が上がっているのに、人々が働き続けないといけないというのが、おかしいんですよね。

これは、イギリスやアメリカに限らず、あらゆるところで、起きていることです。つまり、世界はブルシット・ジョブであふれているわけですが、そうなってくるとだんだんと、「勤労は善」という資本主義の倫理そのものがゆらいできてしまう。みんなが何で、自分はこんな意味のないことをやっているのだと疑問に思ったら、資本主義の正統性は失われてしまいます。資本主義が機能不全に陥っていることのサインとも言える。

機械で代替できる仕事が増えているのなら、労働時間をその分だけ減らせばよいのに、むしろ意味のない仕事を創出しようとしているから、こういうことになるわけですよね。

PM　イタリアのサンジカリスム（労働組合主義）には、「オペライズモ」という素晴らしい言葉があります。「オペライオ」とは「労働者」のことで、「オペライズモ」は「労働者主義」という意味です。

そして、私のような立場は「ポストオペライズモ」と呼ばれます。人類の未来が、労働からの解放にかかっていることを認識しているので、ポストオペライズモなわけです。

斎藤　現代の情報技術の発展によって、労働からの解放の可能性が、まさしく今、出てきているということが重要だということですよね。

PM　ひとつ、こんな例をあげられるでしょう。

二〇一六年に、世界トップクラスの韓国人棋士、李世乭《イセドル》とグーグル系列のディープマインド社のつくった人工知能「アルファ碁」が五番勝負を繰り広げ、人工知能が四勝一敗で圧勝して世界中を驚かせました。とくに注目すべきは、二番めの対局でアルファ碁が打った、ある一手です。これは、碁の歴史上、一度も打たれたことのない手でした。

ある意味、この人工知能の勝利で世界は変わったのです。人間がこれまでにやらなかったこと、それから、これからも人間が思いつきもしないであろうことを、人工知能なら考え出すことができると宣言したんですから。

斎藤　囲碁というゲームで、機械が人間の知性を上回った瞬間だということですね。

PM　ええ。ＡＩが進化すれば、たとえば、リンゴの栽培だって、ＡＩは私たちが思いつかない方法を考えて、生産性を上げるでしょう。果樹園の造成の仕方とか、接ぎ木の方法とか、そんなことから始めずに、ＡＩはまったくもって新しい生産の方法を見出すに違いありません。

その瞬間に、農業における人間の労働は不要になる。もちろんこうした未来が待っているのは農業だけではありません。人間が強制労働そのものから解放される「可能性の世紀」に私たちはいるのです。

第四章　シンギュラリティが脅かす人間の条件

▼一般的知性とインターネット

斎藤　前章の最後のＡＩの話を聞きながら、あなたがたびたび引用する、マルクスの『経済学批判要綱』の一節を思い出しました。「機械についての断章」からの引用です。[15] そこでマルクスは、知識の社会的性格について言及していますね。

ＰＭ　そう、生産力の上昇は社会のもつ知識から生まれるとマルクスは言っています。

斎藤　この社会的知のあり方をマルクスは「一般的知性」（general intellect）と呼んでいま

すが、この一般的知性が、生産の方法や社会における人々の関係も変えていくと言われています。それを受けて、あなたは『ポストキャピタリズム』のなかで、こう書いています。

「一般的知性」とは、社会的知識によってつなぎ合わせた地球上のすべての人の精神であり、最新のものに取り換えられる度にすべての人が恩恵を受ける。要するに、私たちが生きている時代の情報資本主義に近いものを、マルクスは想像したのだった。[16]

つまり、資本主義の発展と共に、人々のもつ知識がネットワーク化され、社会化されるとマルクスは考え、そこから生まれる社会的協働こそが生産性の源になると予測したわけです。

PM ええ。マルクスはこんな思考実験をしたのです。資本主義にとって理想的な機械とはどんな機械だろうか、と。その答えは「製作費用も維持費用もかからず、しかも永遠に機能する機械だ」というものです。

斎藤 費用がゼロなのに、生産性を上げることができて、常に最新の状態にアップデートされるオープンソースの情報技術は、資本主義には理想的な機械です。

ところが、あなたの説によれば、インターネットをはじめとする情報技術は、最終的には資本主義そのものに対する脅威にもなる。

PM　当時のマルクスが観察、分析していたのは鉄道と電信で、どちらも、もちろん、初期の原始的な社会的ネットワークに過ぎません。それでも、そのネットワークのなかに、ヒエラルキー的な生産とは違う、人々の社会的な関係のあり方が出現していた。それを彼は見逃さなかった。そして、今やこのネットワークが、比較にならないほどの巨大な規模で実現しつつあるわけです。

さらに、マルクスは、こんなことも予測しています。社会に存在する、ありとあらゆる革新的な力が、人々のもつ社会的な知識に依存するようになるなら、その時、私的所有というあり方は崩れ去るだろうと。

正のネットワーク効果を生むために、知識を共有することこそが決定的に重要です。それが「一般的知性」です。一般的知性が社会全体に拡がれば、私的所有は存在できなくなるでしょう。私的所有のもとでの排他的独占は、一般的知性のさらなる発展を妨げるものだからです。そしてもちろん、私的所有がなくなれば、資本主義も存在できなくなるのです。

▼インターネット民主主義vs.データの非対称性

斎藤　情報や知識は、私的所有のような排他的独占となじみが悪い。社会が情報や知識の「正の外部性」に依存するようになればなるほど、私的所有よりも〈コモン〉が重要になっていくわけですね。

ただ、インターネットのような情報のネットワークが発展することによって、社会的協働が飛躍的に増加し、情報の民主化が進んでいくというあなたの主張について、ひとつ疑問があるのです。私たちが目撃しているのはむしろ反民主主義的傾向です。たとえば、あなたも私もやっているツイッターには、フェイクニュースやヘイトスピーチがあふれています。

本当に、情報技術の発展によって、他者との共同性を民主的に構築し、社会的知識（一般的知性）を私たちは深めていくことが可能なのでしょうか。

PM　「どうして、あちこちで始まっているのか」(Why It's Kicking Off Everywhere)という芝居の脚本を書いたことがあるのですが、そのなかで、こんな短い歴史を描きました。

支配者はまず人々をプロパガンダで操ろうとし、失敗します。次に支配者はインターネットを閉鎖したけれど、それも失敗してしまう。トルコのエルドアン大統領がフェイスブックやインターネット全体を繰り返し閉鎖しますが、うまくいきませんでしたね。

ところが、支配者の三つめの作戦は、ついに成功します。その方法とは、インターネット上の空間を、互いに相容れない、バラバラの島宇宙のようなグループに分断し、タコツボ化させることだった――。

たとえば、アメリカの福音派キリスト教徒のなかには、進化論や天動説を否定する人たちも多いのですが、彼らは、外部からの批判・反論に耳を傾けることなく、自分たちの「現実」を生きることができます。福音派に異議を唱える人々も、彼らとわざわざ議論を重ねる必要はない。互いを罵ることはあっても、議論はしない。それぞれ、別々の島宇宙のなかで生きているのです。

斎藤　相対主義の世界ですね。第二部で、マルクス・ガブリエルとも、その話をしました。

PM　ええ。タコツボ化したバラバラの世界が点在するネット空間は、島宇宙が島宇宙を生んでいくだけなので、ソーシャル・メディアはヘイトに満ちたフェイクニュースであふれていきます。

支配者階級の狙いは、ソーシャル・メディアの民主的な力を抑え込むことですが、ソーシャル・メディアが、誹謗中傷と嘘ばかりのものになれば、民主主義的な力は失われます。その狙いの最後の仕上げが、今、完成しつつあるのです。

斎藤　日本でもフェイクニュースサイトが、野党に関するデマや誹謗中傷を流して問題となっています。

PM　多くの国でそのような兆候があることを私は心配しています。プーチンの利益が、トランプやルパート・マードック（FOXなどを所有する米国の「メディア王」）の利益と一致していることを理解すべきです。

扇情的な政治劇とフェイクニュースが日常になって人々がうんざりするようになると、そのこと自体がプーチンやトランプを助けることになります。人々は、こう言うでしょう。「トランプさん、あなたが支配してくださいよ。私たちは、今のこの危機と民主主義にうんざりしています」。

全体主義がドイツを覆った一九三〇年代の社会状況について（マルクス主義社会学者の）エーリッヒ・フロムが、人々が民主主義にうんざりしていたからだと分析しましたよね[17]。それとよく似たことが起きているのです。

たとえば、（ロシア問題で）トランプがＦＢＩとの対決を決め込んだ時、「ＦＢＩがアメリカの民主主義を打倒しようとしているのだ」とトランプは主張し、わずか数週間のうちに、共和党支持者の七三％にそう信じさせることに成功しました。共和党を支持する有権者たちだって、少し前までそんなことは信じていませんでしたが、トランプが権力を握って、対決につぐ対決という戦略を選択することによって、社会では不合理性が飛躍的に力を増していったのです。

斎藤　ガブリエルは、人々の投稿に対するファクト・チェックを行う専門委員会を設置するまで、フェイスブックとツイッターをシャットダウンするよう主張していました。言論の自由は、それが今のレベルのあらゆる種類の嘘やヘイトスピーチを許容するなら、ナンセンスであると。

ＰＭ　単に正しいことを示すことによって、合理性が勝つことは、今のような状況下では、非常に困難ですからね。

斎藤　たしかにフェイクニュースは炎上して一気に広まる一方で、ファクト・チェックによる訂正はもはや多くの人々の目にはとどかずに、デマに基づいた印象だけが残ってしまうという問題があります。

ＰＭ　今すぐ取り組むべき重要な課題は、インターネット上の匿名性を根絶することです。

あなたはマスクで顔を覆って投票することはできません。民主主義において匿名になることは許されないのです。

斎藤　そもそもインターネットが民主主義に向いたものなのかどうかを疑問視する声もありますよね。

ビッグデータの分析を行う政治コンサルティング企業、ケンブリッジ・アナリティカにフェイスブックが個人情報を漏洩していた事件は、私たちの情報が知らないうちに収集・分析され、しかもそれに基づいて、私たちの接する情報が操作されているということをはっきりと示しました。しかも、こうしたデータや広告こそが企業にとっての儲け（レント）の源泉になっているわけです。

PM　機能不全を起こしている情報資本主義に対抗して勝つための方法のひとつは、人権のレベルで、闘うことかもしれません。データの対称性を求める、普遍的人権があるべきなのです。

つまり、アルゴリズムがいつ私たちに作用しているのかを知る権利があるべきです。匿名の人が私たちと「取引」しているなら、私たちは彼らが誰であるかを知る権利をもっているわけです。そうした開示ができないような企業からは、プラットフォーム・ビジネスに参加する権利を剝奪すべきです。

もちろん、問題の本質は、情報の非対称性です。ごく一部の人だけが、信じられないほど大量の情報を握っている。情報をコントロールする側とコントロールされる側のもつ情報の量の差が、桁違いに広がった。過去三〇年あまりのうちに、情報の非対称性が、市場原理によって大幅に拡大したのです。

結果として、インターネット上で――とくにあなたがソーシャル・メディアを使用している場合には――いつ、どのように情報があつめられ、使われているか、ユーザーにはわからないようにアルゴリズムで管理されています。

EU議会のあるブリュッセルにおいて、情報技術産業は、とある目的のために毎年一五〇〇万ユーロ（およそ二〇億円）を使っていると言われています。[18]つまり、彼らはインターネット規制強化を避けるために、ロビイングをしているのです。どのようなアルゴリズムを使っているのか、欧州市民から隠すためにね。

この対談の冒頭で、「資本主義の終わりを想像するより世界の終わりを想像する方が簡単だ」というジェイムソンの言葉をあなたは引用していましたが、それにならえば、「ザッカーバーグがフェイスブックのアルゴリズムを告白するのを想像するよりも、世界の終わりを想像するほうが簡単だ」と言いたくなります。

斎藤　SNSなどのプラットフォームを〈コモン〉として民主的に管理できるようにするための闘いというのは、すでにここまで独占が形成されてしまうと難しい……。新しいプラットフォームをつくり出そうにも規模の経済が働きますから。

PM　しかも、私たちが対処しなくてはならない変化は、これで終わりではないのです。私たちの裏をかくメカニズムがたくさん存在しています。私たちが意識的に合理的に考えていることの裏をかくだけではありません。無意識的・非合理的思考の裏をかくことまでできるメカニズムがあるのです。

そうしたメカニズムによって、情報を握っている側は、人々の行動を予測するだけでなく、人々の意思決定にまで影響を及ぼせるようになりつつあります。

したがって、ビッグデータ・リポジトリ（貯蔵庫）を私たちの手で管理することが、民主主義にとって不可欠です。さらに言えば、いったん与えたデータ管理の許可をいつでも取り消すことができる権利も情報民主主義の構成要件になるでしょう。

「ヘルスケアのネット企業に、私の健康診断結果を渡しておきたい。スマートウォッチにあがってくる健康データも即時に提供しておきたい」。こういった欲求があるのは事実だし、それが便利なのも間違いありません。

しかし、企業であれ、国家であれ、私たちのデータを乱用する可能性がある以上、いったん同意したデータ利用の許諾について、いつでも完全に取り消すことができなくてはなりません。それが情報民主主義における「社会契約」になるでしょう。

▼加速主義の問題点

斎藤　今のお話のなかで、機械が人間の裏をかいて、私たちの意識や行動をこっそりコントロールしてしまう可能性がある、という指摘がありました。

その問題に関連して、シンギュラリティについてあなたに伺いたいと思います。ＡＩが人間の知性を凌駕《りょうが》するシンギュラリティの議論は、今、世界中で非常に人気がありますよね。

最近では、日本でも、テクノロジーをどんどん加速させることによって、ポストキャピタリズムを生み出すことができると主張するニック・スルニチェクらの「加速主義」(accelerationism）という考えが注目をあつめています。加速主義は、イギリスに端を発していて、あなたの思想とも親和性があるように見えます。

ただ、このような技術開発をナイーヴに賛美することは多くの問題をはらんでいると私は考えています。

ＡＩの開発やオートメーション化を進めていけば、人間はさまざまな労苦から解放されて、何か別の有意義な活動に打ち込むことができる――。こういう論理は、じっくり話し合う民主主義では効率が悪いので、決断力のある政治家による「決められる政治」で社会を変えてもらおう、という類いの発想と変わらないのではないでしょうか。民主主義にうんざりしたトランプ支持者たちの思考と同じように響きます。

ＰＭ　まず、はっきりさせておきたいのは、私が加速主義者ではないということです。加速主義の人々は、ポストキャピタリズムに一気に向かい出す転換点（ティッピング・ポイント）を技術の進歩が自動的に発生させる、と考えます。加速主義の論者の多くは、技術の進歩を手放しに称賛する、テクノ・ユートピア主義者です。

しかし、技術の進歩がむしろ、資本にとってのユートピアを生み出す可能性を小さく見積もりすぎている。だから、私は加速主義を支持しません。

人間が機械によってコントロールされる日が来ても、加速主義の人たちは気にしないかもしれませんが、私はおおいに気にします。

斎藤　シンギュラリティを賛美することの問題点として、私がとくに気にしているのは、テクノロジーがあらゆる問題を解決できるのだから、社会を変えるために私たちは何もする必要がないという発想がベースにあることです。

加速主義は、一見すると、楽観的です。しかし、技術決定論を受け入れる左派というのは、自分たちの手による社会変革がもはや不可能であるという状態を受け入れているわけで、彼らの楽観性は悲観論の裏返しに過ぎないと思うのです。

▼人間の主体性が未来をつくる

PM　左派加速主義の中心的な人物のひとりであるスルニチェクは、彼が「フォーク・ポリティックス」（素朴政治）と呼ぶものを批判していますよね。

斎藤　ええ、オキュパイ運動に代表されるローカルで水平的な運動を、グローバル化した資本主義には対抗できない、素朴でアナクロニスティックな運動形態だとして批判しています[19]。

PM　彼とは逆に、私は「素朴政治」をかなり良いものだと思っています。小規模な抵抗、水平主義のプロジェクトが重要です。ポストキャピタリズムとは、そうした人々の実践から立ち上がってくるものだからです。国家が上から押しつける目標ではなくね。

斎藤　技術だけでも、国家だけでもなく、人々のアクションが大事だということですよね。

PM　ええ、人間の主体性が必要なのです。人間社会には、技術の進歩を通して人間を自由にしていくという傾向があるとマルクスは指摘しましたが[20]、私のポストキャピタリズム論は、こうした伝統的なマルクス主義の流れに位置づけられると思っています。

それと比べると、リフキンの限界費用ゼロという概念は、何が起きているのかを資本家たちに理解させるには、良い説明方法です。しかし、限界費用ゼロというのは静態的な概念ですから、未来に向けての動きは出てこない。利潤を生み出す能力をほぼ喪失している資本主義の危機から、利潤に左右されないポストキャピタリズム社会へどのように移行するかのプロセスについて、限界費用ゼロという概念だけでは説明できないのです。

未来をつくるには、私たち人間の主体性が必要なのです。

▼テクノロジーが突きつける「人間とは何か」という問い

斎藤　テクノロジーとヒューマニズムの関係性はマルクス主義においても、技術決定論との関係で常に問題となってきました。先ほどフロムの名前が出ましたが、彼も属する、いわゆる「西欧マルクス主義」が、若き日のマルクスの『経済学・哲学草稿』に含まれるヒューマニズムに注目するようになった背景には、ソ連の生産力至上主義や技術決定論がスターリン主義のテロルにつながっていったという事態への抗議がありますよね。

つまり、「ソビエトの電化」という、生産力至上主義のプロジェクトが暴走した結果、人々の自由が国家主義によって押しつぶされてしまったことへの反省です。

しかし、最近再び技術決定論が幅を利かせ、ＡＩやサイボーグなどによるポストヒューマニズム、つまり技術介入などによって、人間のあり方が抜本的に変わっていくと断じる議論が増えています。歴史学者ユヴァル・ノア・ハラリのベストセラー『ホモ・デウス』[21]を一例にあげれば、彼の予測している世界は、ディストピアそのものです。ハラリは、科学技術によって、人間が神のようになることを目指しているけれども、最終的にはデータが神になるため、このプロジェクトは失敗すると言う。

それは、私たちが自分自身について知るよりも、データのほうがはるかに私たちのことを知り尽くしているからです。結局、人間が神になることを目指すと、皮肉な形で、人間の終焉につながってしまう。そうすればヒューマニズムも、もはや存在しなくなってしまいます。

私が一番、心配していることは、「人間とは何であるか」という問いが、技術開発とシンギュラリティによって徐々に浸食され、損なわれていくのではないかということです。この問いは、とても大事なことのはずです。あなたの議論も「人間とは何か」、「人間を人間たらしめているのは何か」という問いを重視していることは、今日のここまでの議論でよくわかりました。

PM ハラリの考え方が世界中で人気を博しているのは、非常に危険な現象です。ハラリは西洋のポスト啓蒙主義的な先進国社会における知識と主体性をめぐる哲学的問題を再検討しています。そして、彼は技術のなかに答えを探します。

けれども、答えはそこにありません。答えは技術ではなく、人間の理論であるヒューマニズムのなかにこそあるはずです。

ハラリの『ホモ・デウス』のなかには、残念ですが、人間についての理論はなく、見つけることができるのは、反理論だけです。つまり、なぜ私たちが技術を前にして無力であり、行為者性が否定されるかということが書いてあるだけなのです。実際、あの本の最後で彼が言っているのは、すでに私たちはアルゴリズムになっている、ということです。

斎藤 人間的なものを擁護したいというあなたの意図はわかります。ただ、資本主義においては、テクノロジーの開発はそんなことは一切おかまいなしに進められ、数十年以内にシンギュラリティに達する可能性もある。人間的なものを諦めるか、ポストキャピタリズム的ユートピアを諦めるか、どちらかが必要な局面が来るのではないでしょうか。

PM　違います。求められているのは、私が宿命論と呼んでいる、現代の宗教に対抗することです。

宿命論は、私たちにこう吹聴します。人間には自由な意志も、状況を変える力もないのだと。こうした宿命論的宗教が、現代社会でもっとも人気のある考えになってしまっています。

ハラリよりも、もっとニュアンスに富んだ宿命論を展開している思想家がいます。オックスフォード大学の教授であるルチアーノ・フロリディです。彼いわく、私たちは情報生物になりつつあるが、それでも自由意志をもっている、と。ただし、「我々はアウェイ戦で闘っているサッカー・チームのようだ。いつも対戦相手のグラウンドにいるんだ」といううまい比喩を使います[22]。対戦相手のグラウンドとは、もちろん情報テクノロジーのことです。

大勢の人が主体性を放棄すれば、テクノロジーを活用して人間の行動を管理する力を強めたいと思っている支配層を、多いに助けることになるでしょう。新しい宿命論的宗教は、私たちの社会を映画「ブレードランナー」に酷似した世界に変えていく危険性があります。

斎藤　あの映画の未来社会では、人間とレプリカント（アンドロイド）との境界線が、常に曖昧に描かれていましたね。

▼サイバー独裁に抗うためのヒューマニズム

斎藤　あなたがヒューマニズムをこれほど熱心に擁護するというのは、少々、驚きでした。ヒューマニズムの考えは、もはやあまり人気のあるものではないからです。

そういえば、あなたはマルクス主義的ヒューマニズムを擁護しながら、ある論考で、こう書いていますね。

> 権威主義的ポピュリズムから人権を守ろうとする意思が我々にあるのなら、守るべき人間性の概念をしっかりと持たねばならない。「思考する機械」の活動を制限し、抑制する力を人間が持つべきだと主張するなら、守るべき人間性をはっきりさせねばならないのと同じである。[23]

思考する機械であるＡＩが発達していく時代に、「守るべき人間性」とは、具体的にはどんなものですか。

ＰＭ　今の時代に、どうしても不可欠なヒューマニズムとは、ＡＩをコントロールする権利が我々にはあることを明確にしてくれるヒューマニズムです。人間の良き生活を生み出すことが、ＡＩの存在理由であって、人間は、機械を超える特権を手にしているのだと。人類すべてが、普遍的にこうした権利をもっていると言えるヒューマニズムが必要です。

世界人権宣言（Universal Declaration of Human Rights）が国連総会で採択されてから、すでに七〇年以上が経っています。ところが、中国の大学では、「七不講」という政府からの通達によって「人類の普遍的価値」という言葉が使用禁止になっています。[24]その一方で、中国政府は企業などの民間部門に対して、データと専門知識を供出するよう命令しています。二〇三五年までに中国が、ＡＩ開発における世界的リーダーになるためにです。[25]

このようにあらゆるデータを国家が掌握し、普遍的な人々の権利を無視しながらＡＩ開発を進めるというのは、果たして倫理的なことでしょうか。違いますよね。

アルゴリズムを用いた管理システム、ＡＩやそのディープラーニングといった新技術がもたらす危うさに直面しているこの時代だからこそ、人権を揺るぎのない普遍的な原則として認めて、人権を積極的に擁護する国家を我々は必要としています。

ここに、人間性を重視するマルクス主義的な本を私が執筆する理由があります。つまり、この地球に住む七〇億の人間のうち、一四億人がマルクス主義的ヒューマニズムを必要としているからです。中国の公式イデオロギーはマルクス主義的ヒューマニズムの否定なのです。

もちろん、普遍的人権をないがしろにしているのは、中国だけではありません。二〇一七年に（米南部バージニア州）シャーロッツビルで、白人至上主義者たちによる極右集会とデモがありました。あれだって大問題です。あのデモも、ヒューマニズムを足蹴にするデモだと言うことができます。

アルゴリズムを用いた社会の管理、シンギュラリティ、トランスヒューマンの可能性といった新しい問題に直面している時代にこそ、ヒューマニズムは重要です。私はホモ・サピエンスという種の名のもとで、人間の条件を守っていきたいと思います。

斎藤　中国と言えば、一般的にはその体制は「社会主義」と呼ばれるわけですが、あなたが指摘したように、社会主義とテクノロジーが結びつけば、サイバー共産主義、あるいはデジタル・レーニン主義といったものになっていき、やがてジョージ・オーウェルの『一九八四年』の世界を呼び込みかねませんね。

PM　だからこそポストキャピタリズムへの道は、古臭いレーニン主義者が主張する国家社会主義への道であってはなりません。資本主義経済と並行しながら、非資本主義経済を小さいスケールからつくっていくことが、ポストキャピタリズムへの移行プロセスなのです。自由への道を模索している主体的な個人の行為がネットワーク化していくことで、ポストキャピタリズムへの道が開かれていくのです。

希少性を克服するための生産力至上主義、国家による統制、旧式の階級闘争を掲げる旧来の社会主義は、もはや議論の的にもなりません。

二〇世紀を振り返ってばかりのノスタルジックな社会主義者と、私の考えは違うのです。同性愛や自由なセクシュアリティの権利を求めることも、あるいは人種差別に抵抗することも、経済的な闘争と同じように私は重要だと考えています。そうした権利要求の根底にあるのは、人間はみずからを解放する運命の種であるという信念ですから。

▼自由こそが人間の条件

PM　『ポストキャピタリズム』は、無限の生産力の発展を称揚する本ではなく、ネットワーク化された情報技術によって起こりうる、経済的変革を書いたものです。

一方、最新刊の『はっきりとした明るい未来』(未邦訳)は、高度な機械学習とＡＩを駆使して、人々の管理を試みるエリートたちに対抗する闘いを書いたものです。

二一世紀にもっとも問題とすべき、哲学的な問いは、「ＡＩをコントロールする権利をどのように根拠づけられるのか?」というものなのです。

多くの宗教では、神が人間に魂を与えています。地球上の他のあらゆるものと、人間は異なる。私たちはもっとも進んだ存在で、人間は自分たちの思考によって決断を下すことができる。魂は、人間の優越性の証でした。

たとえば、人間は槍をライオンに向かって投げつけることができるけれども、ライオンはその槍がどこから来たのかさえ理解していない。私たちがなぜ魂を信じ、人間の優越性を当然視しているのかについて、唯物論的に説明すると、そうなります。

ところが、二一世紀半ばには、ＡＩが私たちに向かって槍を投げつけるようになり、その槍がどこから来たのか、私たちはわからないという状況に陥るでしょう。

ＡＩが私たちを出し抜き、優位に立つのです。人間があらゆる存在に対して優越しているという、多くの宗教が今まで主張してきた前提が融解してしまう。だからこそ、人間とは何か、という人間の固有性についての答えは、人間の優越性ではない、何か別のものに根ざしたものでなければなりません。

斎藤　人間を人間たらしめるものとして、何が考えられるでしょうか。

ＰＭ　それは、人間の自由です。だからこそ、人間が機械を活用する必要があります。人間を必要性から解放し、できうる限り少ない労働ですむようにするために、です。

遊びのような労働と機械を結合させることによって、「労働ゼロ」の社会を創造することができます。そうすれば、人間は、自由が何を意味するのかを探り始めることができます。

斎藤　マルクスが『資本論』第三巻で言っている「自由の国」の話と似ていますね。

マルクスは人々が生命活動に必要なものを生産するための時間を「必然性の国」と呼び、それを超えたところに、真の人間的な自由が始まると考えていました。[26]そして、「自由の国」を実現するためには、当然、生産力の発展が必要であり、そのうえで、労働時間を短縮することこそが、「自由の国」を実現するための根本条件であるとしていましたね。

▼AI時代の普遍的道徳

斎藤　これからシンギュラリティの時代を迎えるなかで、AIが人間の自由の実現手段になるように、人間はしっかりとコントロールできるでしょうか。

PM　ええ、そのために、私たちはAIについては諸々の規則を設定する必要があります。目標は、人間の自由なのですから、AIに何をさせてもいいわけではありません。AIが私たちに何らかの影響を与えているなら、私たちはそれを知ることができなければならないというルールをつくる必要があります。そうした規制を順守することに同意しない企業は、AIの開発に携わることは許されるべきではないのです。

斎藤　なぜ、そういったルールがそこまで重要なのですか。

PM　あなたが兵士で、世界最強の軍隊と対峙していると仮定しましょう。攻撃するか、退却するか、降伏するか。いずれを選択するにせよ、兵士としてのあなたの人権は、自分が直面している状況を知っているという前提のもとに、合理的な選択ができるかどうかに、かかっています。

ところが、思考速度が人間より速いＡＩと闘うならば、どんな武器をもっていても人間の兵士はけっして勝つことができません。兵士をそのような闘いに投入することは、非道徳的です。戦車に対して、騎兵を送り込むようなものです。

それと同じことが、商取引についても言えるはずです。アルゴリズムを駆使して、情報を収集、コントロールできる優位な立場にある人間が、そうではない人たちを商取引の関係に引きずり込むのも、非道徳的な行為です。

このような仕方で、情報技術は人類に新たな道徳的問題を引き起こします。核兵器の問題が生まれてきた時がそうだったように、私たちは情報技術という問題に対してどう考え、どう行動すべきか、人間としての反応を洗練させていかなければなりません。

斎藤　情報社会の新しい人権に基づいた、新しい普遍的倫理が必要とされているわけですね。ガブリエルも同じような点を強調していました。

PM　けれども、宗教的道徳なき現代社会では、それは非常に困難な仕事です。資本主義においては、最大多数の幸福を追い求めるというベンサムの功利主義によって、道徳は単純化されてしまっています。

一方、資本主義のもとで、不評を買っているのはアリストテレス的な道徳です。アリストテレスの道徳とは「そのコミュニティにとって良いこととは何か、そして良き人物を輩出するためには、何が良いことなのか」という点に重きを置くものです。

　ここで私が考えているのは、マルクス主義的ヒューマニズムが新しいアリストテレス的な道徳を生み出すことができるのではないかということです。「人類という名のもとの社会とは何なのか？　アルゴリズムによって私たちが統制されかねない社会で、何が私たちをより良き存在にするのか？　何が私たちをより良き存在として機能させるものなのか？」と問うことができるような道徳です。

　そして、その答えは、アルゴリズムによる統制に対して「ノー！」と言い切る、私たちの能力です。そのためには、データの格差を解消し、データの対称性を求める権利、つまり、私たちが気づかぬうちに、私たちに作用しているアルゴリズムを廃止する権利を求めて、闘う必要があります。

斎藤　ネットワーク化した個人という考え方を強調しているあなたは、ネグリやハートの考え方に近いと思っていました。しかし、あなたのマルクス主義的ヒューマニズムは、ネグリやハートのポストモダニズムとはまったく異なり、近代主義的ですね。

PM　ええ。私は、マルクスのことを啓蒙主義の哲学者のなかでもっとも偉大な思想家だとみなしています。啓蒙主義を私は重要視していますし、その到達点であるマルクスの思想を守っていきたいと思っています。ヒューマニスティックな啓蒙思想とは、長い年月を重ねて積み上げられてきた歴史的なものです。

だからこそ、私たちがいったんそれを失えば、永久に失われてしまうでしょう。エジプトのファラオや中国の皇帝が社会の頂点に立って、人々の心を支配していた時代に戻ることになるのです。

合理的思考、個人主義、知識の民主化を実現してきた五〇〇年ほどの歴史の時計が逆戻りしてしまう危険性に、私たちは向き合わなくてはなりません。

斎藤　シンギュラリティに達するかもしれない、今後数十年が人類の未来を決定するために決定的に大事な時期だということですね。そして、それは私たちがどのように意思決定をするかにかかっている。まさに大分岐の時代です。

第五章　資本主義では環境危機を乗り越えられない

▼環境危機がポストキャピタリズムへの契機となる

PM　ここまでの話をいったん、まとめましょう。技術ユートピア主義、加速主義、宿命論、反ヒューマニズムといった危険な思想に、私たちは打ち勝たなくてはなりません。政治の世界においては、リベラル派が今、一番弱く、自信を失っていて、「人間の名において、私たちは人権を要求する」と主張しづらそうにしています。リベラリズムを復活させなくてはなりませんが、それがマルクス主義ヒューマニズムなのです。

そこから出てくるのは、人間中心主義的な世界観です。私たちが人間を中心にした世界を望むならば、私たちは倫理だけではなく道徳的な哲学に基づいて、AIをプログラムしなければなりません。

もちろん、人間中心主義が物議を醸すことを自覚していますが。

斎藤　人間中心主義が、物議を醸すという意味はよくわかります。マルクスの人間中心主義は、とくにエコロジーとの関連で、しばしば批判の対象になってきました。

そして、今日、メイソンさんと議論したかったテーマのひとつは環境危機の問題です。マルクスは生産力至上主義であるとして誤解され、環境思想によって批判を浴びています。生産力を発展させて人間の自由を実現する理念を肯定すれば、自然の限界を否定して、人間が自然を支配する思想に容易に転化しかねないからです。

ポストキャピタリズム論は、資本主義が引き起こしている現在の深刻な環境問題に対しても、解決に向けたビジョンを当然ながら、提示しなくてはなりません。

というよりも、です。その環境危機こそが、ポストキャピタリズムへの道を切り拓く契機になりうると私は考えています。

つまり、気候変動の問題が突きつけているのは、これまでの資本主義のもとでの大量生産・大量消費といったあり方を反省し、利潤だけを追い求めるのではない社会を実現する必要性です。気候変動という惑星規模の問題を前に、新しいインターナショナリズムを構想しなくてはならないのです。とくに途上国・新興国で、人々がより大きな困難に直面しているわけですから、これまでの帝国主義を乗り越えて、気候正義を実現しなくてはなりません。

ＰＭ　同意しますよ。

斎藤　だから私は、「エコロジカル社会主義」（ecosocialism）という形で、ポストキャピタリズムを構想したいと考えています。

環境危機を考えるうえでポストキャピタリズムという発想が重要なのは、資本の活動の影響が甚大だからです。「エコロジカル」というのは、エコな製品を選ぶとか、プラスチックをリサイクルするというような個人レベルの消費活動によって解決できる問題ではまったくありません。

むしろ生産の次元が、決定的に重要です。実際、企業による生産過程におけるエネルギー消費や二酸化炭素排出量を考えれば、家庭レベルでのリサイクルをしてどうにかなる問題ではないわけです。

逆に言えば、環境危機は、資本主義の決定的な問題点を、くっきりと見せてくれる。環境危機こそが、生産のあり方を大きく変え、ポストキャピタリズムへの道を切り拓く契機になりうると私が言うのは、そのためです。

▼グリーンニューディールをどう見るか

斎藤　この関連で、アメリカの左派を中心に新しい動きが出てきています。たとえば、下院議員アレクサンドリア・オカシオ＝コルテスのイニシアチヴによって、アメリカで広く議論されているグリーンニューディールです。彼女は、アメリカの二酸化炭素の純排出を一〇年以内にゼロにすることを要求し、さらには、産業転換に伴う雇用創出などもグリーンニューディールの政策目標に入れています。

PM　もしグリーンニューディールが法制化されれば、石油産業は力を失う一方で、資本主義における経済主体としての国家が決定的な復活を遂げ、欧州の左派政党が考えたこともないような規模の再分配的正義と環境正義の融合が実現するでしょう。

もちろん、二一世紀の経済は高度に金融化され、また細分化もされているため、グリーンニューディールを達成するためには、より大きな連帯、しっかりした計画策定、そして知的財産権の解体が必要になるでしょう。

化石燃料でしか飛べない飛行機はともかく、その他の交通手段は、化石燃料以外で稼働させることが求められます。そうなれば、自動車業界とエネルギー業界をほぼゼロからビジネスを立て直すことになります。

グリーンニューディールは国内で雇用をつくり、繁栄を実現しながら、経済の大部分において自由市場取引を廃止しなければならないでしょう。

私は、グリーンニューディール法案がもつ、そのショック効果の大きさゆえに、支持します。気候変動にストップをかけるために必要な変化は何か。先進国は今のシステムからどんな新しいシステムに移行しなければならないのか。二酸化炭素を排出してばかりの先進国の有権者に、それをはじめて真剣に考えさせる、現実的な試みがグリーンニューディールです。

経済の脱炭素化を、再分配やインフラ構築としっかりと結びつけたグリーンニューディールの提案（表）は、今世紀の政治のなかでも、ひときわ目立つ金字塔で、経済を再び人間的なものにする大胆な計画です。実際、すでにアメリカ民主党内の政局に大きな変化をもたらしました。

グリーンニューディールの提案

- あらゆる人への十分な賃金、社会保障、有給、年金の保障
- 医療、住居、経済的安定、水、空気、
安全な食べ物、自然へのアクセスの保障
- 教育と職業訓練の保障
- 100%再生可能エネルギー
- 環境負荷の少ないインフラ・建物の整備・補修
- 電力のスマートグリッド化
- 公共交通機関の拡充・無償化
- 製造業・農業のグリーン化

とはいえ、この大規模の変革のための予算をどうやって確保するかはまだ明確ではありません。一部のグリーンニューディール支持者は現代貨幣理論（ＭＭＴ：Modern Monetary Theory）を信じていますが、それは頼りにはなりません。ＭＭＴの論者が唱えているのは、基本的に「金融のマジック」による資本主義の安定化か、資本の廃棄のどちらかなのですが、「金融のマジック」では、そのどちらも実現不可能です。

斎藤　ここで重要なのが、新自由主義や資本主義に対抗する新しい政治的想像力を掻《か》き立てる議論として、グリーンニューディールを掲げ、社会運動と接合していくことではないでしょうか。

グリーンニューディールが経済成長につながるようなものであれば、資本も協力するかもしれま

せんが、もっとラディカルな改革に踏み切ろうとするならば、資本の抵抗にあって、失敗に終わるでしょう。つまり、「労働者と資本と自然が、永遠に手と手を取り合ってうまくやり、三者ともがすべて利益を得る」というようなことはありえません。

そう考えると、グリーンニューディールが、経済成長を継続して追求するものになってしまえば、むしろアメリカ一国の経済成長のために、他国での抑圧や搾取を強化するものになるかもしれない。

アメリカのバイオマス消費やソーラーパネル建設のために、ブラジルのアマゾンが伐採され、中国の鉱山労働者が搾取されてはまったく意味がありません。もちろん、そんなことでは、環境危機を救うことも、気候変動を止めることもできません。

「周辺部からの搾取のうえに、先進国の現状の生活は成り立っているのだ」という事実について、抜本的な反省をすることがなければ、グリーンニューディールは新たな支配と掠奪をもたらすだけでしょう。つまり、グリーンニューディールが、これまでどおりのクルマ社会を維持する政策、あるいはスマートフォンを二年ごとに買い替えるような生活を継続させる政策ならば、それは現実から人々の目を背けさせるだけの結果に終わる。やはり長期的には、定常型経済を目指していくことを考えなければならないでしょう。[27]

ただ、グリーンニューディールが、既存の環境運動の仲間うちを超えた、広範な人々にとっても魅力的な進歩を目指す提案となっているのも事実です。また、残された時間がないなかで、大きな変革を迫るという点も私は評価しています。

そうした意味で重要なのは、やはり社会運動です。グリーンニューディールをしっかりとポストキャピタリズムにつなげていくためのブリッジとして、社会運動を位置づけなくてはなりません。そのためには、今も続く帝国主義を反省し、気候正義を実現するような草の根の運動をつくっていく必要があるのです。

第六章　生き延びるためのポストキャピタリズム

▼人間による管理

斎藤　前章で話をした環境危機ともつながることなのですが、技術進歩によって人間は地球環境を管理し、守り抜くことができるのかという問題から、議論を再開したいと思います。

まず、気候工学（ジオ・エンジニアリング）についてのあなたの見解はどういったものでしょうか。

しばしば議論されているのは、大気中に硫黄のエアロゾルを散布することで太陽光を遮断し、地球を冷却化する太陽放射管理という手法です。また、海洋に鉄を散布することで肥沃化し、プランクトンに光合成をさせる二酸化炭素除去という手法も出てきています。

ただ、どちらの手法も全体として見た時に、気候システムや海洋システムを攪乱《かくらん》し、さまざまな悪影響が出ることが予測されています。端的に言えば、環境危機は、技術開発だけによって簡単に解決することはできません。もちろん、先進国の裕福な人々のための解決策で良いならば、気候工学は一定程度の効果は見せるかもしれませんが、グローバル・サウス（新興国・途上国）へのしわ寄せは増すでしょう。

気候工学の発想は、人間に地球の管理者となることを求めるものです。とはいえ、実際には、今述べたように、一部の人々の利益になる地球の管理に過ぎないわけで、あなたの掲げる普遍主義的なヒューマニズムとは相容れません。

PM　気候工学を実施すべきかどうかを気にかけていないという意味では、私はテクノロジーに中立的です。複雑な問題が数多くあるなかで、すべての問題に同程度の意識を集中させることはできないわけですが、西洋社会は正しく気候変動に集中しています。気候変動は私たちを殺すことになるのですから、それは当然の執着ですよね。

しかし、気候変動という問題は解決可能であるという意味では、AIの問題のほうがよりいっそう深刻な問題であると考えています。実際、気候変動については、国際原子力機関（IAEA）のブルー・プラネット・シナリオなど、すでにその対策についての計画が存在しています。

それとは対照的に、私たちはAIをコントロールすべきなのかどうか、あるいは、どうやってコントロールするのかについて社会的な合意がありません。

斎藤　それは気候変動の深刻さの過小評価ではないでしょうか。

資本・技術を独占的に用いて解決するタイプの管理は、〈コモン〉の民主主義的管理という発想と相反するものです。地球こそが〈コモン〉ですから。そればかりではなく、一部の人に決定をゆだねる政治主義にも陥ってしまいます。

あなたは、プラットフォームの民主主義的な管理を提唱しているのですから、環境危機においても、同じ形で、より民主主義的な自然の管理を実現する方法を探っていくべきだと私は思います。

PM　たしかに気候変動も大きな問題であるため、先ほどの私の主張の仕方はあまりにも論争的だったかもしれません。

しかし、少なくとも気候変動と同じくらいＡＩ制御の方法を考えるのは重要な問題なのです。ＡＩは私たちを支配します。

フェイスブックがアメリカの選挙をコントロールしましたが、それはまだ、人間の手によるものでした。プーチン大統領であろうと、ケンブリッジ・アナリティカであろうと、最終的には人間がコントロールしていました。

ですが、すぐにＡＩはみずから判断し、決定できるくらい賢くなるでしょう。いわゆるシンギュラリティです。そして、「○○が良い結果である」とＡＩが決めるようになります。

もちろん、そうなったとしても、人間がＡＩという機械に与えていた影響は、遺産のように残るでしょう。だから、ＡＩはあたかも人間であるかのように振る舞って、意思決定を実行するのです。

ところが、もしＡＩをプログラムした人間がニーチェだったら、ＡＩはこう言うでしょうね。「ええ、私こそが超人で、あなたはそうではない。あなた（のような畜群のひとり）が生きようが、死のうが、私には関係のないことだ」と。

斎藤　一％vs.九九％の対立から、〇・一％vs.九九・九％という極端な形の社会になりかねないわけですよね。

PM　だからこそ、すみずみまで細やかに人間によるテクノロジーの管理を広げていくことが、私たちのやらねばならないことです。

実に奇妙だと思うのは、テクノロジーに関する倫理委員会が、倫理学者ではない人たちばかりで占められているということです。ＡＩ開発をする、グーグル系列のディープマインド社には、倫理学者がほとんど加わっていない倫理委員会があります。グーグルがＡＩ倫理委員会を結成した際には、保守系右派の委員がひとりいたせいで、委員会が紛糾し、台無しになったこともあります。

哲学者たちを雇えば、道徳にまつわる問題を解決できるだろうと甘く見ていた大企業が、問題を解決するには、自分たちの手で道徳哲学をつくり出さなくてはならないことに気がついたのです。

斎藤　しかし、それがニーチェ主義や功利主義によって独占されてしまわないようにしないといけない。

PM　道徳哲学を理解する委員を企業の倫理委員会で増やしていく必要がありますし、そのようなことを法的な義務として、企業に課すことに前向きな政府を、我々が求めていくという問題でもあります。そして、まともな倫理委員会の存在が、企業にとっても利益になることを納得させる必要があります。

▼ポストキャピタリズムと国家の役割

斎藤　気候変動とシンギュラリティの問題について考えると、解決策のひとつの方向性は、加速主義とはむしろ反対に、「減速」することではないでしょうか。国家によるアルゴリズムなどの規制というあなたの主張も、一種の「脱・加速」と言えるかもしれません。

PM　私は減速という言葉を使いません。そもそも加速／減速という問題設定を受け入れるべきではないのです。

もちろん、より多くの産業、より多くの技術革新、より多くの技術を私は求めていますが、「近代を加速せよ、はじけ飛ぶまで」という加速主義とは違うのです。それは私の狙いではありません。私のプロジェクトは、技術を管理し、企業を管理し、経済を管理することを目指しています。すべて、人類のために、です。

それゆえ、「潤沢な社会」にたどりつくためには、より多くのものが国家によって、生産され管理されなければなりません。

けれどもそれ以上に、より多くのものが市場と国家を超えて、生産され管理されなければなりません。つまり、協働作業をする人々による、生産・管理です。ウィキペディアのようなものに、協働して取り組むのを人々は好んでいる、ということです。世界中のすべての人々がウィキペディアと「取引」していますが、その「取引」は利益や損失を伴うものではありません。

斎藤　しかし、私たちはウィキペディアばかりをやっているわけでもないし、生きるためには、さまざまな財が必要です。それだけでなく、ポストキャピタリズムの社会に到達するためには、ヘルスケア、介護から、ジムのようなものまで、暮らしに必要なサービスのあり方も抜本的に変わらないといけません。

PM　そうですね。とはいえ、祖父の時代と比較すれば、私たちは、基礎になる財のレベルでも、潤沢さを手にして生活するようになっています。やがて、潤沢さが他の次元にまで行きわたるようになって、独占や、レント、ゾンビ経済といった市場の機能不全を一掃するなら、本当の競争とイノベーションで成り立つ市場で、真に創造的な経済の最先端をいくことになるでしょう。

ポストキャピタリズムの経済では、創造的な部門が大きくなるでしょうが、営利的なままでしょう。ただし、データ民主主義の文化があり、潤沢な社会が実現され、人々は多くの自由時間を手にします。それがポストキャピタリズムです。それは人間の変革です。ポストキャピタリズムは、単なる技術的な変革や産業的変革の結果ではないのです。

斎藤　そうした漸進的なポストキャピタリズムへの移行でさえ、スターリン主義のように非常に強制的で暴力的なものになるのではないか、と人々は恐れるかもしれません。

PM　強制が必要になるとすれば、現在のシステムを吸い尽くそうとする寄生虫を、強制的に消滅させる時です。つまり、独占を謳歌し、レント・シーキングを続けている企業を禁止する時です。そうした企業を追い払う役割をいったん国家が果たせば、ポストキャピタリズム経済が自然に立ち上がってくるでしょう。

斎藤　ただ、そうした国家の上からの介入が、サイバー・スターリン主義を生み出してしまうかもしれない。実際、そうした危険性をあなたも指摘していますよね。

PM　本の中では、ふたりのサイバー・スターリン主義者を激しく批判しておきました。このふたり――コンピュータ科学者ポール・コックショットと経済学者アリン・コットレル――は、一九九〇年代にスーパー・コンピュータを使えば計画経済は可能である、と主張していた人物ですが、国家が計画経済などを始めれば、それはスターリン主義の始まりです。[28] いくらＡＩが発達したとしても、経済を相当に単純にモデル化して、計算可能な単位に抽象化・画一化していかなければならないでしょうから。

しかし、ポストキャピタリズムは、そのような画一性を押しつけるスターリン主義的な計画経済とは、まったく違います。ポストキャピタリズムは、多様性を通じてこそ可能になるはずだからです。

市場は存在し続けるでしょう。そして、ポストキャピタリズム的な特性をもつシステム同士のあいだに、競争が出現してくるでしょう。たとえば、統合されたひとつの輸送システムをもつのが良いか、数多くの輸送協同組合をもつのが良いのか。時間が経てば、どちらなのか、わかります。私はどちらになってもかまいません。

私が言いたいのは、中央集権的な国家による計画経済は、必要ないということです。財の希少性は、もはや問題ではありません。市場経済のなかで、「潤沢な島々（生産拠点）」を築くところから、始まります。市場経済のなかから、これらの島々は成長していき、互いにつながり合うことができます。

斎藤　それでも、あなたはハートやネグリとは違って、ポストキャピタリズム社会の実現において、国家が果たす役割についてはかなり前向きですね。

PM　ええ、資本主義以降の経済についての議論がいろいろあるなかで、私が理論的に貢献したと思うのは、国家の役割を重要だとみなすところです。

国家には、経済エコシステムを支える後援者になってもらわねばなりません。また、そのエコシステムを守るためのルール設定者であるべきです。経済エコシステムが、企業、非営利団体、協同組合、相互組合、あるいは〈コモン〉を基礎にした生産システムなど、多様なもので構成されるように国家が支えるべきなのです。

そのエコシステムは、自然発生的に機能しなくてはなりません。ポストキャピタリスト経済が飛び立っていくためには、市場がごく自然に機能するのと同じくらいに、自然なものでなくてはならないのです。官僚が毎朝、再起動ボタンを押してやっと動き始めるような、ソビエト経済とはポストキャピタリズムは違います。

国家は、（シェアリングエコノミーのような）ピア・ツー・ピア（インターネット上での直接的な対人取引）に基づいた生産活動にインセンティヴを与える、有効な梃《てこ》になりえます。それを保護し、エリアを拡大できるように法制化をし、そして、他の種類の生産方法を抑制する。資本主義国家も、そのような変革のために活用することができるし、私たちは既存の国家を使わなければならない。

そうした意味では、私は社会民主主義者であり、国家に新たな社会民主主義的な使命を与えたいと思っています。その使命とは、国家による介入や計画経済ではなく、市場の役割とも、また違うものです。経済における、非市場的な部分、協働的で非営利的な部分を、国家が拡張し守らなければならないと私は信じています。

たとえば、『企業家としての国家』[29]という著作で知られる経済学者マリアナ・マッツカートも、国家が大規模に介入する資本主義を推奨し、反響を呼んでいて、政府も企業も彼女の話を聞きたがっています。そして、コービンも政権をとれば、そうするでしょう。私は支持しますよ。イギリスには産業の衰退という特別な問題がありますから。

産業化を諦めた社会民主主義とは異なって、私たちは産業を復活させる必要を訴えています。イギリスは、ハイテク産業に国家主導の投資を必要としています。

斎藤　その帰結は、それこそ古い社会民主主義か、せいぜいサイバー・ケインズ主義のようなものではないでしょうか。それはあなたが賞賛する水平的にネットワーク化された個人のあり方とも矛盾するようにも聞こえます。

この本の第一部でハートは、国家に依存せずに、私有でも国有でもない〈コモン〉の民主的な管理を提唱しているわけですが、そのあたりの緊張関係はどう捉えているのですか。

PM　繰り返せば、私たちは古いモデルを復活させることはできませんし、国家主義を望んでいるわけでもありません。しかし、人々の生活に新しい国家の協力を挿入することができます。

　コービンの労働党も、それを理解し始めています。たとえば、協同組合タイプの非営利事業の促進を試みるべきことだと、労働党は受け入れるようになりました。スペインやイタリアには、強力な協同組合部門があります。それを見習う必要がある。それがひとつめのポイントです。

　ふたつめに、労働党は「オーナーシップのオルタナティヴ・モデル」というレポートを作成しました[30]が、既存の組合や銀行に加えて、信用協同組合（クレディット・ユニオン）を党としてはっきり受け入れる内容になっています。信用協同組合というのは、組合員が相互扶助を目的として設立した銀行のことで、自営業が非常に衰弱しているイギリスにおいて、この新しいウィキペディア－リナックス的な世界観、オープンソース的な銀行が、新しい経済の可能性を広げてくれそうです。

　それから、政治家たちがまだ受け入れていないもので、私自身は有望だと思っているのは、非市場経済省の設立です。つまり、イノベーションや技術の分野に国家が介入するための省です。

非市場経済省を設置することで、どんなメリットがあるかと言えば、あらゆる形態の非市場的活動を経済の一環として見るようになるという点です。そうすれば、〈コモン〉に着目し、〈コモン〉を経済的なものとしてみなすようになり、「この部門を成長させることは重要なことだ」と政府は言い出すでしょう。

斎藤　現実問題として、国家を使わずに、今の状況からポストキャピタリズムに移行することは私も不可能だと思っています。

ただ逆に、社会運動が弱い日本のような国で、こうした議論が一面的に受容されてしまうと、技術至上主義の加速主義に陥ったり、あるいは、国家主義・政治主義になったりしてしまう可能性があると危惧しています。要はバランスの問題なんですが。

実際、イギリスでは労働党が、バルセロナなどのミュニシパリズムの実践（第一部参照）から学んでいることも知っています。国家による政策や法整備、省庁再編によって社会を変えるという政治主義に陥らないよう、社会運動の側でしっかりと注意していく必要がありますよね。

▼ポストキャピタリズムの未来

斎藤　今日の対談を通じて、ポストキャピタリズムという未来に向けた、興味深い論点が、いくつも浮かび上がってきました。あなたの主張をまとめれば大きく三点でしょう。

①独占とレント・シーキングを禁止し、積極的投資を行うことで、情報技術産業の活性化、オートメーション化や再生可能エネルギー一〇〇%への道を切り拓くことができる。したがって、ポストキャピタリズムは脱成長ではない。

②ＡＩの暴走を防ぐために、普遍的倫理を「人間とは何か」を定義するヒューマニズムに基礎づけなければならない。

③市場や国家の完全な廃棄を目指す古い社会主義とは違って、ポストキャピタリズムは、市場や国家の存続する余地のあるハイブリッドモデルである。

いずれにせよ、ネットワーク化を通じて、利潤だけを追求するのではない、下からの社会的協働が活発になることが重要ですよね。もちろん、その際の鍵となるのが、オートメーション化と限界費用ゼロによる潤沢な社会と労働からの解放だというわけです。

その意味で、ポストキャピタリズムはケインズの描いた世界と響き合っています。一九三〇年に論文「わが孫たちの経済的可能性」のなかでケインズが予測した、週一五時間労働の世界です。[31]

PM　ある意味ではそうですね。

ケインズと労働からの解放の関係について言えば、戦後に彼が英国アーツカウンシルの初代会長となっていることも付け加えておきましょう。芸術家のさまざまな活動を助成している団体です。助成金の額は、当時はまだ戦後直後で年間一〇〇万ポンドというごくわずかな額でしたが、今では七億ポンドになっています。

この助成金をケインズは、芸術を創造する、あらゆる人に与えるように言いました。なぜでしょうか。ケインズ流の良き社会とは、第一次世界大戦以前にブルームズベリー・グループから受け継いだものだったのですが、その仲間たちは「万人のための芸術」という非常にユートピア的なビジョンをもっていました。ケインズは、「万人のための芸術」が人間解放の第一歩だと考えていたのです。

ケインズは正しいと私は思います。アーティストはカフェで本を読んだり、劇の脚本を書いている友人と議論したりします。国家の助成を受けている、芸術的で文化的な経済は、すべてポストキャピタリスト的なものです。

斎藤　あなたが最初に指摘したように、ポストキャピタリズムにおいては、人々が労働と非労働の区別を超えてさまざまな活動に従事するようになる。つまり、幅広い選択肢を多くの人々が享受するようになるでしょう。

そして、オートメーション化が進むなかで、労働の意味が変わるという話もありました。より多くつくり、よく多くの賃金を獲得し、より多く消費できるようになるという、近代の勤労倫理から転換する契機が、生まれているということですよね。

ケインズが言った人間的なつながりや創作の意義を、アートやオープンソースに限定して解釈すると、何だかエリート主義的な感じがしてしまうかもしれません。

けれども、今日の議論で出てきたヒューマニズムの話と絡めて言えば、人間らしいコミュニケーションを重視する労働、つまりアートだけでなく、教育や医療、介護などのケア労働の価値を高めていくことだというふうに言えるかもしれません。

資本主義社会では、ケア労働は、無償の家事労働だったり、低賃金であったりすることが多いですよね。しかし、ケア労働こそ、ポストキャピタリズムにおいては、高く評価されるようになっていってほしいです。

PM　ええ、そのとおりです。しかし、私たちはポストキャピタリズムの萌芽があることを認めたがらない傾向があります。

ケインズもそのことを理解していたのに、結局のところ、彼はポストキャピタリズムへの移行を予見する勇気をもっていなかった。マルクス主義とアナキストの伝統のなかで書いている人々だけが、市場を超えた人間社会のビジョンを描くことができたのです。

斎藤　だからマルクスを使うことで、あなたは「世界の終わり」以外の形で、資本主義の終わりを想像することができたのですね。

PM　しかし、ポストキャピタリズムの実現は必然ではありません。

私たちは、ＡＩに任せっきりにするのではなく、自分たちの手でポストキャピタリズムを構築する必要があり、サイバー独裁やデジタル封建主義に陥るのを避けるために、今こそ行動しなくてはならないのです。

ロンドンにて。　撮影／斎藤久美

おわりに――Ｔｈｉｎｋ Ｂｉｇ！

斎藤幸平

実は、マイケル・ハートとの対話には、第一部には収録しなかった「本当の」終わりが存在する。それが、「この危機の時代に、左派をどう定義するか」という私の問いに対しての回答である。本書の締めくくりとして、ここに掲載したい。

振り返れば、一九八九年以降、左派と右派を隔てる壁はなくなったのだと主張する思想家が数多く現れました。ポスト冷戦という状況への応答としては、そうした発言も重要だったかもしれません。しかし、私からすれば、だからといって、この時代に左派の意味が失われてしまうわけではないのです。

自由、平等、連帯、そして民主主義――私にとって左派が意味するのは、やはりこういった一連の言葉であり、こうした言葉のもつ可能性を問いつづけなくてはなりません。

言うまでもなく、本書に登場した三名の知識人たちは、個々に独自の理論をもつ。私自身の見解も彼らと完全に一致しているわけでもないので、四者の主張の相違、衝突にお気づきの読者も多いだろう。そこに次の段階を考えるヒントが埋まっているとも思う。本書の意義のひとつはそこにある。

だが、それぞれ視点や力点は違ったとしても、「自由、平等、連帯、そして民主主義」という価値に重きを置くことは全員に共通していた。大分岐の時代だからこそ、自由で、平等な社会を多くの人と共につくり上げることを大きなスケールで徹底して思考しなければならないというのである。

そうでなければ、資本主義の矛盾が人々にもたらす困難・疎外、それに伴う民主主義の危機を突破することはできないのだから。

＊

ハートの議論に話を戻そう。彼が繰り返し強調していたのは、民主主義を危機から救い出すためには、〈コモン〉を自分たちのものとして共同決定していく経験こそが鍵になるということだった。電力や水、知識や情報、自然や地球という環境そのものを〈コモン〉として、資本の支配から取り戻し、自分たちで管理していくという発想だ。

そうした〈コモン〉(common)を取り戻そうとする社会運動をハートは、極めて高く評価していた。これは、「上からの」共産主義、スターリン主義とは異なる、社会運動に依拠した「下からの」コミュニズム(communism)と言える。

では、なぜ「上からの」社会変革ではだめなのか。現実の社会運動や共同参画に根付かない政策提案や制度改革による、「上からの」社会変革の戦略を、本書では「政治主義」と呼んだが、政治主義は、民主主義の闘争領域を選挙戦へと著しく狭めてしまうのだ。そして、専門家や学者による政策論は問題を抱えている当事者の主体性を剝奪する。

逆に、ハートによれば、サンダース現象、コービン現象といった、今、世界で活性化している新しい政治の動きは、社会運動にかかわる人々が「主役」である。社会にこそ、人々の苦しみがあり、変革に向けた欲求がある。その苦しみや欲求を分かち合う連帯から、新しい未来をつくる想像力が生まれてくる。

上から社会を変えるという、危うく、脆《もろ》い発想は、ＡＩ関連の議論にも浸透しているようだ。そのことは、「新しい技術が社会を変える」という発想の背景にも、経済でいうトリクルダウンと同じロジックが潜んでいることからも見て取れる。つまり、一％のエリートにＡＩ技術を独占させて、自由に開発できるような資金提供と規制緩和を行えば、それが最終的には国民全体の生活を豊かにするというわけだ。

＊

だが、一部の専門家による技術開発に自分たちの未来をゆだねてしまうことは、民主主義の理念からかけ離れている。技術は中立的な道具ではない以上、資本主義のもとで、一部の人々によって独占された情報テクノロジーが自由や平等を守ってくれる可能性は限りなく小さい。マルクス・ガブリエルやポール・メイソンが繰り返し強調していたとおりで、むしろ、一％の権力を増大させ、サイバー独裁やデジタル封建制を生み出すだろう。

民主主義の危機はそれだけでない。現代社会のさまざまな危機を乗り越えるような展望を出すために、政治による改革（「決められる政治」）を求めてしまうことが、トランプやプーチンといった権威主義的リーダーを生んでいる。

そして、ここに権威主義とＡＩの親和性がある。ＡＩが人々の自由を否定し、モノとしての大衆の管理を徹底する一方で、トランプのような権威主義的リーダーがヘイトを他者に向けることを善しとする雰囲気を醸成している。両者が現実に結びついた場合に待っているのは、ガブリエルが警告するように、「人間の終焉」なのかもしれない。

だからこそ、メイソンやガブリエルは、非人間化に対抗して、「人間とは何か」ということを明らかにしながら、普遍的人権や普遍的価値を積極的に擁護するヒューマニズムの立場に移行しているのだ。

誰が、どのようにして技術を使うのか、そして必要に応じてどのように技術に制限をかけていくのか。こうした問題は単に専門家に任せているだけでは不十分であり、技術の発展が自動的に解決してくれることもない。だからこそ、ここでも、ＧＡＦＡがレント獲得のために支配するプラットフォームを、〈コモン〉としてのプラットフォームに変えていくことが重要な課題になってくる。

＊

気候変動への対処の仕方にも政治主義の影がまとわりつく。気候工学のような技術がなぜ魅力的に響くのかと言えば、自分たちの生活を意識的に変更することなしに、環境問題が一部の専門家によって開発された技術と、政治家によって決定された法案によって、解決してもらえるからだ。そうした解決策は楽だし、受け入れやすい。

しかし、そこで生き延び、利益を得るのは、またもや先進国の富裕層である一％の人々だけだろう。資本主義は、環境危機が深刻化しても困らない。むしろ気候工学も、資本にとってはビジネスチャンスなのだ。

資本主義は、瀕死の状態でありながら、ありとあらゆる状況に適応する強靭性《きょうじんせい》を最後の最後まで発揮するに違いない。その裏で苦しむのは、自分たちは二酸化炭素を排出していない貧しい国々の人々と未来の世代なのである。

＊

現実が絶望的なものになり、残された時間がわずかになればなるほど、国家権力や最新技術を使い、上からの「効率的な」改革を求めたくなる。だが、この危機的な状況をつくるのにもっとも積極的に加担しているのが、国家権力であり、資本であり、最新技術である事実を忘れてはならない。

だとすれば、残された解放への道は、ポストキャピタリズムに向けた、人々の下からの集合的な力しかない。「社会運動・市民運動が大事」という左派の念仏が人々の心に届かなくなって久しい。けれども、大分岐の時代においてこそ、ニヒリズムを捨てて、民主的な決定を行う集団的能力を育む必要があるのである。

だからこそ、大きな展望を持った新しい言葉を紡ぐことが求められているし、世界の知識人はその倫理的責任を引き受け、動き出している。

その事実が日本にも伝わりますように。そして、願わくば、彼らの新しい言葉が絶望しないための一抹の希望になりますように。

註

第一部

1 アントニオ・ネグリ、マイケル・ハート『〈帝国〉――グローバル化の世界秩序とマルチチュードの可能性』水嶋一憲ほか訳、以文社、二〇〇三年。

2 福田慎一『21世紀の長期停滞論――日本の「実感なき景気回復」を探る』平凡社、二〇一八年、三一頁。

3 トマ・ピケティ『21世紀の資本』山形浩生ほか訳、みすず書房、二〇一四年。ジョセフ・E・スティグリッツ『世界の99%を貧困にする経済』楡井浩一ほか訳、徳間書店、二〇一二年。ロバート・B・ライシュ『最後の資本主義』雨宮寛ほか訳、東洋経済新報社、二〇一六年。水野和夫『資本主義の終焉と歴史の危機』集英社、二〇一四年。

4 ヴォルフガング・シュトレーク『時間かせぎの資本主義――いつまで危機を先送りできるか』鈴木直訳、みすず書房、二〇一六年、五五頁。

5 ユルゲン・ハーバーマス『後期資本主義における正統化の問題』山田正之ほか訳、岩波書店、二〇一八年、一三〇～一三一頁。

6 デヴィッド・グレーバー『官僚制のユートピア――テクノロジー、構造的愚かさ、リベラリズムの鉄則』酒井隆史訳、以文社、二〇一七年、三一一頁。

7 David Graeber, *Bullshit Jobs: A Theory*, New York: Simon & Schuster, 2018.

8 カール・マルクス『ルイ・ボナパルトのブリュメール18日〔初版〕』植村邦彦訳、平凡社、二〇〇八年、二〇頁。

9 デヴィッド・グレーバー『デモクラシー・プロジェクト――オキュパイ運動・直接民主主義・集合的想像力』木下ちがやほか訳、航思社、二〇一五年。

10 アントニオ・ネグリ、マイケル・ハート『叛逆――マルチチュードの民主主義宣言』水嶋一憲ほか訳、NHK出版、二〇一三年。

11 Nick Srnicek and Alex Williams, *Inventing the Future: Postcapitalism and a World without Work*, London: Verso, 2016, p. 15.

12 Michael Hardt and Antonio Negri, *Assembly*, Oxford: Oxford University Press, 2017, p. xiv.

13 ニコス・パパダキス「SYRIZA 左翼、社会運動、そして政権」『POSSE』第二七号（二〇一五年）、ならびに、マリオ・カンディアス「ポデモスから人民連合へ」『POSSE』第二八号（二〇一五年）を参照。

14 Hardt & Negri, *Assembly*, p. 20.

15 後藤道夫『収縮する日本型〈大衆社会〉――経済グローバリズムと国民の分裂』旬報社、二〇〇一年、五〇頁。

16 今野晴貴、藤田孝典（編著）『闘わなければ社会は壊れる――〈対決と創造〉の労働・福祉運動論』岩波書店、二〇一九年、一〇八～一一〇頁。

17 （耕論）政権を出た派遣村村長 反貧困ネットワーク事務局長・湯浅誠さん、「朝日新聞」二〇一二年四月一三日朝刊。

18 スラヴォイ・ジジェク『迫り来る革命――レーニンを繰り返す』長原豊訳、岩波書店、二〇〇五年、六頁。

19 Hardt & Negri, *Assembly*, p. 149.

20 斎藤幸平『大洪水の前に――マルクスと惑星の物質代謝』（Νύξ叢書）堀之内出版、二〇一九年。

21 カール・マルクス『資本論』第三巻、『全集』第二五巻、第二

分冊、岡崎次郎訳、大月書店、一九六七年、一〇四一頁。

22 ナオミ・クライン『これがすべてを変える――資本主義vs.気候変動』（上・下）幾島幸子ほか訳、岩波書店、二〇一七年、上・二一〇頁。

23 同書：下・第九章。

24 http://blacklandandliberation.org/

25 Nick Srnicek and Alex Williams, *Inventing the Future: Postcapitalism and the World without Work*, London: Verso, 2016や第三部のメイソンの議論を参照。

26 ここでハートが言及している、有名な「否定の否定」の箇所で用いられているErdeというドイツ語の単語には、「土地land」という意味だけでなく、「地球earth」という意味もある。また*Marx/Engels Collected Works*の英訳においては、この箇所で「コモンとして（in common）」という表現が出てくる。このことを念頭に該当箇所を訳すと次のようになるだろう。「この否定の否定は、資本主義時代の成果を基礎とする個人的所有をつくりだす。すなわち、自由な労働者たちの協業と、地球ならびに生産手段のコモンとしての所有（＝共同所有）を基礎とした個人的所有をつくりだすのである。」*Marx-Engels Werke*, volume 23, Berlin: Dietz Verlag, 1972, p. 791.

27 カール・マルクス、フリードリヒ・エンゲルス『共産党宣言』大内兵衛・向坂逸郎訳、岩波書店、一九七一年、四八頁。

28 アーリー・ホックシールド『管理される心――感情が商品になるとき』石川准ほか訳、世界思想社、二〇〇〇年、七〜九頁。

29 カール・マルクス『経済学批判要綱』、『資本論草稿集②』大谷禎之介ほか訳、大月書店、一九九三年、四九二頁。第三部のメイソンの議論も参照。

30 ハリー・ブレイヴァマン『労働と独占資本――20世紀における労働の衰退』富沢賢治訳、岩波書店、一九七八年、一二八頁。

31 横田増生、今野晴貴「討論 総運輸化する社会――フレキシブルな労働を問い直す」『現代思想』青土社、二〇一八年三月号「物流スタディーズ」。

32 マルクス『資本論』第一巻、四三四頁。

33 ヨーゼフ・シュムペーター『経済発展の理論――企業者利潤・資本・信用・利子および景気の回転に関する一研究』（上・下）塩野谷祐一ほか訳、岩波書店、一九七七年。

34 ネグリ、ハート『〈帝国〉』、五〇〇頁。

35 ミルトン・フリードマン『資本主義と自由』村井章子訳、日経BPクラシックス、二〇〇八年、三四七〜三四八頁。

36 Hardt & Negri, *Assembly*, p. 280.

37 イエスタ・エスピン－アンデルセン『福祉資本主義の三つの世界』岡沢憲芙、宮本太郎監訳、ミネルヴァ書房、二〇〇一年、二三頁。

38 Hardt & Negri, *Assembly*, p. 281.

39 Christian Marazzi, *Che cos'è il plusvalore?*, Edizioni Casagrande, 2016, pp. 81-83.

40 カール・ポラニー『［新訳］大転換』野口建彦ほか訳、東洋経済新報社、二〇〇九年、一〇一頁。

41 アントニオ・ネグリ、ラウル・サンチェス＝セディージョ「野生的で構成的な民主主義のために」廣瀬純（編著）『資本の専制、奴隷の叛逆――「南欧」先鋭思想家8人に訊くヨーロッパ情勢徹底分析』航思社、二〇一六年、二二四頁。

42 ジル・ドゥルーズ『ジル・ドゥルーズの「アベセデール」』國分功一郎監修、KADOKAWA、二〇一五年。

第二部

1 マルクス・ガブリエルの三部作には、『なぜ世界は存在しないのか』清水一浩訳、講談社、二〇一八年に加えて、『「私」は脳ではない――21世紀のための精神の哲学』姫田多佳子訳、講談社、二〇一九年。ならびに *Der Sinn des Denkens*, Berlin: Ullstein, 2018 がある。

2 Noam Chomsky, "The New York Times is Pure Propaganda," https://www.salon.com/2015/05/25/noam_chomsky_the_new_york_times_is_pure_proganda_partner/ (last access on 2019.6.28)

3 創生「日本」東京研修会 第3回 平成24年5月10日 憲政記念会館 https://www.youtube.com/watch?v=OR0XvL3kDpA&t=579s/ (last access on 2019.6.28)

4 ミシェル・フーコー『言葉と物――人文科学の考古学』渡辺一民ほか訳、新潮社、一九七四年、四〇七頁。ジャック・デリダ「人間の目的＝終わり」『哲学の余白』（上・下）高橋允昭ほか訳、法政大学出版局、二〇〇七～二〇〇八年、上・二一七頁。フリードリヒ・ニーチェ『ツァラトゥストラはこう言った』（上・下）氷上英廣訳、岩波書店、一九六七年。マルティン・ハイデッガー『「ヒューマニズム」について――パリのジャン・ボーフレに宛てた書簡』渡邊二郎訳、筑摩書房、一九九七年。

5 ハンナ・アーレント『全体主義の起源』（全三巻）、大久保和郎、大島かおり訳、みすず書房、一九八一年、3・八三頁。本文中の引用は斎藤訳。

6 フリードリヒ・ニーチェ『道徳の系譜』木場深定訳、岩波書店、一九六四年、四四頁。

7 ユルゲン・ハーバーマス『近代の哲学的ディスクルス』（I・II）三島憲一ほか訳、岩波書店、一九九九年、II・四五三～四五四頁。

8 ジークムント・フロイト「ある幼児期神経症の病歴より〔狼男〕」須藤訓任訳、『フロイト全集』第一四巻、岩波書店、二〇一〇年。

9 マルクス・ガブリエル&スラヴォイ・ジジェク『神話・狂気・哄笑――ドイツ観念論における主体性』斎藤幸平ほか訳、堀之内出版、二〇一五年。

10 Jürgen Habermas, "Mit Heidegger gegen Heidegger denken : zur Veröffentlichung von Vorlesungen aus dem Jahre 1935," *Frankfurter Allgemeine Zeitung* (July 25, 1953).

11 『黒ノート』については、三島憲一「ハイデガーの『黒ノート』をめぐって――反ユダヤ主義と現実感覚の喪失」『みすず』2014年7月号を参照。

12 シャンタル・ムフ『政治的なるものの再興』千葉眞ほか訳、日本経済評論社、一九九八年、二三三頁。

13 カール・マルクス「フォイエルバッハにかんするテーゼ」『マルクス・エンゲルス全集』第三巻、大月書店、一九六三年、五頁。

14 Slavoj Žižek, "A Plea for Leninist Intolerance," *Critical Inquiry* 28.2 (2002) : 542-66.

15 マルクス・ガブリエル「中立的な実在論」『現代思想』斎藤幸平訳、青土社、二〇一六年一月号。

16 落合陽一『日本再興戦略』幻冬舎、二〇一八年、七四頁。

17 Tyler Burge, "Memory and Persons," *The Philosophical Review*, vol. 112, no. 3 (July 2003) : 289-337.

18 ガブリエル『なぜ世界は存在しないのか』、一六九頁。

19 ユルゲン・ハーバーマス『事実性と妥当性――法と民主的法治

国家の討議理論にかんする研究』（上・下）河上倫逸ほか訳、未来社、二〇〇二〜二〇〇三年。

20 ユルゲン・ハーバーマス『真理と正当化――哲学論文集』三島憲一ほか訳、法政大学出版局、二〇一六年、二九頁。

21 マルクス『資本論』第一巻、三五三頁。

22 テーオドル・W・アドルノ『ミニマ・モラリア――傷ついた生活裡の省察』三光長治訳、法政大学出版局、一九七九年、四二頁。

23 Stanley Cavell, *The Claim of Reason: Wittgenstein, Skepticism, Morality, and Tragedy*, New York: Oxford University Press, 1979, p. 109.

24 Gabriel, *Ich ist nicht Gehirn*, Berlin:Ullstein, 2015, p. 154.

25 ジョン・ロールズ『正義論』川本隆史ほか訳、紀伊國屋書店、二〇一〇年、一八四〜一九二頁。

26 「哲学者が語る民主主義の「限界」ガブリエル×國分対談」
https://www.asahi.com/articles/ASL6L42BML6LUCLV007.html
(last access on 2019.6.28)
ガブリエル、ジジェク『神話・狂気・哄笑』、一五六頁以下も参照。

27 シャンタル・ムフ『左派ポピュリズムのために』山本圭ほか訳、明石書店、二〇一九年。

28 イマニュエル・カント『永遠平和のために』宇都宮芳明訳、岩波書店、一九八五年、四七頁。ネグリ、ハート『帝国』、四九二頁も参照。

第三部

1 ポール・メイソン『ポストキャピタリズム』佐々とも訳、東洋経済新報社、二〇一七年。

2 フレドリック・ジェイムソン著、スラヴォイ・ジジェク編『アメリカのユートピア――二重権力と国民皆兵制』田尻芳樹ほか訳、書肆心水、二〇一八年、一三頁。

3 ヨーゼフ・シュムペーター『景気循環論――資本主義過程の理論的・歴史的・統計的分析』（全五巻）、金融経済研究所訳、有斐閣、一九五九〜一九六五年。

4 メイソン『ポストキャピタリズム』、一五〇頁。

5 Carchedi Guglielmo, and Michael Roberts, World in Crisis: A Global Analysis of Marx's Law of Profitability, Chicago: Haymarket Press, 2018.

6 資本主義の成熟と利潤率の関係については、小西一雄『資本主義の成熟と転換――現代の信用と恐慌』桜井書店、二〇一四年を参照。7 ピーター・ドラッカー『ポスト資本主義社会――21世紀の組織と人間はどう変わるか』上田惇生ほか訳、ダイヤモンド社、一九九三年。

8 https://fuseproject.com/work/new-story/new-story/?focus=overview (last access on 2019.6.28)

9 ジェレミー・リフキン『限界費用ゼロ社会――〈モノのインターネット〉と共有型経済の台頭』柴田裕之訳、NHK出版、二〇一五年、一三頁。

10 たとえば、グーグルがファーウェイからアンドロイドのライセンス権を剥奪したのも、こうした文脈で捉えることができる。

11 マルクス『資本論』第三巻、三一三頁。

12 Graeber, *Bullshit Jobs*, p. 175.

13 Carl Benedikt Frey and Michael A. Osborne, "The future of employment: How susceptible are jobs to computerisation?," *Technological Forecasting and Social Change*, vol. 114 (2017).

p. 254–280.

14　Paul Mason, "Our problem isn't robots, it's the low-wage car-wash economy," *The Guardian* https://www.theguardian.com/commentisfree/2016/dec/12/mark-carney-britains-car-wash-economy-low-wage-jobs (last access on 2019.6.28)

15　マルクス『経済学批判要綱』、『資本論草稿集②』四七一頁以下。

16　メイソン『ポストキャピタリズム』、二三八頁。

17　エーリッヒ・フロム『自由からの逃走』日高六郎訳、東京創元社、一九六五年。

18　https://transparency.eu/uber-lobbyists/ (last access on 2019.6.28)

19　Srnicek and Williams, *Inventing the Future*, p. 12.

20　マルクス『経済学批判要綱』、『資本論草稿集②』、四九九頁。

21　ユヴァル・ノア・ハラリ『ホモ・デウス――テクノロジーとサピエンスの未来』(上・下)、柴田裕之訳、河出書房新社、二〇一八年。

22　ルチアーノ・フロリディ『第四の革命――情報圏(インフォスフィア)が現実をつくりかえる』春木良且、犬束敦史監訳、新曜社、二〇一七年、一三三頁。

23　Paul Mason, "Why Marx is more relevant than ever in the age of automation," *New Statesman*. https://www.newstatesman.com/culture/2018/05/why-marx-more-relevant-ever-age-automation (last access on 2019.6.28)

24　https://www.ft.com/content/95f3f866-a87e-11e4-bd17-00144feab7de (last access on 2019.6.28)

25　Paul Mason, *Clear Bright Future: A Radical Defence of the Human Being*, New York: Penguin, 2019, p. 160.

26　マルクス『資本論』第三巻、一〇五一頁。

27　セルジュ・ラトゥーシュ『〈脱成長〉は、世界を変えられるか?――贈与・幸福・自律の新たな社会へ』中野佳裕訳、作品社、二〇一三年。

28　メイソン『ポストキャピタリズム』、三八〇頁。

29　マリアナ・マッツカート『企業家としての国家――イノベーション力で官は民に劣るという神話』大村昭人訳、薬事日報社、二〇一五年。

30　https://labour.org.uk/wp-content/uploads/2017/10/Alternative-Models-of-Ownership.pdf (last access on 2019.6.28)

31　ジョン・メイナード・ケインズ「わが孫たちの経済的可能性」『ケインズ全集第九巻 説得論集』宮崎義一訳、東洋経済新報社、一九八一年、三九六頁。

本書はJSPS科研費若手研究「人新世の環境思想―ポスト・デカルト的一元論の批判的検討」(18K12188) ならびに韓国研究財団NRF-2018S1A3A2075204の支援を受けており、その成果として刊行されるものである。

斎藤幸平（さいとう こうへい）

一九八七年生まれ。大阪市立大学大学院経済学研究科准教授。ベルリン・フンボルト大学哲学科博士課程修了。博士（哲学）。専門は経済思想。*Karl Marx's Ecosocialism: Capital, Nature, and the Unfinished Critique of Political Economy*（邦訳『大洪水の前に―マルクスと惑星の物質代謝』）によって、ドイッチャー記念賞を日本人初、史上最年少で受賞。

未来《みらい》への大分岐《だいぶんき》
資本主義《しほんしゅぎ》の終《お》わりか、人間《にんげん》の終焉《しゅうえん》か？

集英社新書〇九八八A

二〇一九年八月一四日 第一刷発行

著者……マルクス・ガブリエル／マイケル・ハート／ポール・メイソン／斎藤幸平《さいとうこうへい》

発行者……茨木政彦

発行所……株式会社集英社

東京都千代田区一ツ橋二-五-一〇 郵便番号一〇一-八〇五〇

電話 〇三-三二三〇-六三九一（編集部）
〇三-三二三〇-六〇八〇（読者係）
〇三-三二三〇-六三九三（販売部）書店専用

装幀……原 研哉　組版……MOTHER

印刷所……大日本印刷株式会社　凸版印刷株式会社

製本所……加藤製本株式会社

定価はカバーに表示してあります。

ISBN 978-4-08-721088-0 C0233

a pilot of wisdom

- 世界「最終」戦争論 近代の終焉を超えて　内田 樹／姜 尚中
- 日本会議 戦前回帰への情念　山崎雅弘
- 不平等をめぐる戦争 グローバル税制は可能か？　上村雄彦
- 中央銀行は持ちこたえられるか　河村小百合
- 近代天皇論 ――「神聖」か、「象徴」か　片山杜秀／島薗 進
- 地方議会を再生する　相川俊英
- ビッグデータの支配とプライバシー危機　宮下 紘
- スノーデン 日本への警告　エドワード・スノーデン／青木 理 ほか
- 閉じてゆく帝国と逆説の21世紀経済　水野和夫
- 新・日米安保論　柳澤協二／伊勢﨑賢治／加藤 朗
- グローバリズム その先の悲劇に備えよ　中野剛志／柴山桂太
- 世界を動かす巨人たち〈経済人編〉　池上 彰
- アジア辺境論 これが日本の生きる道　内田 樹／姜 尚中
- ナチスの「手口」と緊急事態条項　長谷部恭男／石田勇治
- 改憲的護憲論　松竹伸幸
- 「在日」を生きる ある詩人の闘争史　金 時鐘／佐高 信
- 決断のとき――トモダチ作戦と涙の基金　小泉純一郎／取材・構成 常井健一
- 公文書問題 日本の「闇」の核心　瀬畑 源
- 大統領を裁く国 アメリカ　矢部 武
- 国体論 菊と星条旗　白井 聡
- 広告が憲法を殺す日　本間 龍／南部義典
- よみがえる戦時体制 治安体制の歴史と現在　荻野富士夫
- 権力と新聞の大問題　望月衣塑子／マーティン・ファクラー
- 「改憲」の論点　木村草太／青井未帆 ほか
- 保守と大東亜戦争　中島岳志
- 富山は日本のスウェーデン　井手英策
- スノーデン 監視大国 日本を語る　エドワード・スノーデン／国谷裕子 ほか
- 「働き方改革」の嘘　久原 穏
- 国権と民権　佐高 信／早野 透
- 限界の現代史　内藤正典
- 除染と国家 21世紀最悪の公共事業　日野行介
- 安倍政治 100のファクトチェック　南 彰／望月衣塑子
- 「通貨」の正体　浜 矩子
- 隠された奴隷制　植村邦彦

a pilot of wisdom

集英社新書　好評既刊

天井のない監獄 ガザの声を聴け！
清田明宏　0976-B
米国の拠出金打ち切りも記憶に新しいかの地から、UNRWA保健局長が、市井の人々の声を届ける。

地震予測は進化する！「ミニプレート」理論と地殻変動
村井俊治　0977-G
「科学的根拠のある地震予測」に挑み、「MEGA地震予測」を発信する著者が画期的な成果を問う。

歴史戦と思想戦――歴史問題の読み解き方
山崎雅弘　0978-D
南京虐殺や慰安婦問題などの「歴史戦」と戦時中の「思想戦」に共通する、欺瞞とトリックの見抜き方！

限界のタワーマンション
榊 淳司　0979-B
大量の住宅供給、大規模修繕にかかる多額の費用……。破綻の兆しを見せる、タワマンの「不都合な真実」！

プログラミング思考のレッスン 「私」を有能な演算装置にする
野村亮太　0980-G
自らの思考を整理し作業効率を格段に高める極意とは。情報過剰時代を乗り切るための実践書！

日本人は「やめる練習」がたりてない
野本響子　0981-B
マレーシア在住の著者が「やめられない」「逃げられない」に苦しむ日本とはまったく異なる世界を紹介する。

心療眼科医が教える その目の不調は脳が原因
若倉雅登　0982-I
検査しても異常が見つからない視覚の不調の原因を神経眼科・心療眼科の第一人者が詳しく解説する。

隠された奴隷制
植村邦彦　0983-A
マルクス研究の大家が「奴隷の思想史」三五〇年間をたどり、資本主義の正体を明らかにする。

俺たちはどう生きるか
大竹まこと　0984-B
自問自答の日々を赤裸々に綴った、人生のこれまでとこれから。本人自筆原稿も収録！

「他者」の起源 ノーベル賞作家のハーバード連続講演録
トニ・モリスン　解説・森本あんり／訳・荒このみ　0985-B
アフリカ系アメリカ人初のノーベル文学賞作家が、「他者化」のからくりについて考察する。

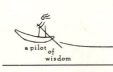